KB220726

그리스도의 중재

The Mediation of Christ
by Thomas F. Torrance

Copyright © Thomas F. Torrance, 1992

This translation of *The Mediation of Christ* is published by arrangement with
Bloomsbury Publishing Plc.
through rMaeng2, Seoul, Republic of Korea.

This Korean translation edition © 2024 by Lion and Lamb, Seoul, Republic of
Korea.

이 책의 한국어판 저작권은 알맹2를 통하여 Bloomsbury Publishing Plc.와 독점
계약한 사자와어린양에 있습니다. 신저작권법에 의해 한국 내에서 보호를 받는 작품
이므로 무단전재와 무단복제를 금합니다.

그리스도의 중재

계시, 화해,
성육신에 관한
과학적·삼위일체적 탐구

토마스 F. 토렌스 지음 ㅣ 김학봉 옮김

THE MEDIATION OF CHRIST

사자와 어린양

일러두기

- 성경 구절은 대한성서공회에서 펴낸 개역개정판을 주로 사용하였으며, 필요한 경우 저자의 의도를 살려 역자가 번역했다.
- 이 책은 아신대학교 학술연구기금을 지원받아 출판했다.

작자 미상,
⟨판토크라토르 그리스도⟩(Christ Pantocrator, 6세기)
시내산에 위치한 성 카타리나 수도원 소장,
84×45.5cm

그리스어 '판토크라토르'는 '만물의 통치자', '전능
자'라는 뜻이다. 한국어판 표지에 부분 사용한 이 성
화는 그리스도의 얼굴을 비대칭으로 그려 내고 있
다. 좌우 얼굴과 머리 모양이 서로 다른데, 코를 중
심으로 양쪽을 비교해 보면 왼쪽 얼굴은 온화하고
다가가기 쉬운 인간적 속성을, 오른쪽 얼굴은 엄숙
하고 근엄한 신적 속성을 보여 주는 듯하다. 학자들
은 이 그림이 그리스도의 두 본성을 표현한다고 해
석한다.—옮긴이

나의 딸 앨리슨에게

이번 개정판에서는 독자들이 쉽게 읽을 수 있도록 3장과 4장에 소제목을 삽입했고, '속죄와 거룩한 삼위일체'에 관한 장을 새롭게 추가했다. 이는 삼위일체 교리를 위한 속죄교리의 위치와 필요성에 대해 무언가를 말하고자 함은 물론, 올바른 속죄교리를 위해서는 삼위일체 교리가 필요함을 보여 주기 위한 것이다. 앞 장들에서 논의한 내용과 이것을 연관시키면서 신학의 이원론(dualism)에 주의를 기울였는데, 때로는 극단적 초월주의 신론에 끼친 악영향을 보여 주는 방식으로, 때로는 삼위일체와 유일신 교리를 분리하는 방식으로 이 문제를 다루었다. 또한 계시와 화해에 대한 신실한 이해 안에서 이스라엘의 사명과 그리스도의 사명이 깊이 맞물려 있음을 더욱 발전시켜 논의를 진행했다. 특히 하나님이 자기 자신을 통해 그리고 자신 안에서 그분을 알 수 있도록 우리에게 허락하신 방식을 더 많이 이해하기 위해 유대인과 그리스도인이 서로 필요로 한다는 것을 서술했다. 이런 이해가 그리스도의 십자가와 성령의 교제를 통해 성부께 나아가는 방식에서, 하나님과 인간 사이의 속죄하는 화해의 구조와 내용을 더욱 잘 표현할 수 있게 해주기를 소망한다. 이 주제는 나의 남동생 데이비드 토렌스(David W. Torrance)가 편집하여 에든버러 핸셀 출판사에서 1982년에 펴낸 《하나님에 대한 유대인의 증언》 (*The Witness of the Jews to God*)에서도 찾아볼 수 있다.

북미와 유럽에서 보내 준 이 책에 대한 좋은 평가는 나에게 큰 힘이 되었다. 무엇보다 예수 그리스도의 중재 사역에 대한 이해와 그리스도의 신실한 대리행위가 성령의 중재로 인한 우리의 믿음의 응답을 뒷받침해 준다는 이해를 통해 회복과 자유를 경험한 성도들에게서 격려를 받았다. 하지만 분명 어떤 사람들은 [그리스도의 중재를 통한] 무조건적인 은혜에 대한 나의 강조가 죄를 회개하고 그리스도를 구주로 영접하는 인간의 응답을 약화시킨다고 느낄 것이다. 다시 말해 무조건적인 은혜는 회개와 믿음의 고백이 우리 자신에게 달려 있지 않고 오직 그리스도가 우리의 자리에서 우리를 대신해 성부께 드린 그분의 신실한 응답에 기초한다고 말하기 때문에 회개와 믿음에서 인간 존재와 행동의 필요성이 의심받게 된다는 것이다.

그렇지만 그리스도인과 그리스도는 서로에게 연결되어 있다. 이것은 '이제는 내가 사는 것이 아니요 오직 내 안에 그리스도께서 사신다'는 바울의 고백에서 표현된 것처럼 성령의 기적이며, 하나님이 주신 무조건적인 은혜의 유일무이한 양식인 성육신의 기적처럼 설명해 낼 수 없는 신비이다. 우리는 주 예수의 모든 성육신적 삶과 사역을 통해 '은혜의 모든 것'(all of grace)이 '사람의 아무것도 아닌 것'(nothing of man)을 의미하는 것이 아니라 정확하게 그 반대임을 보게 된다. 곧 **은혜의 모든 것**(all of grace)은 **사람의 모든 것**(all of man)을 의미한다. 은혜의 충만함은 창조적으로 인간의 응답의 충만함과 완전함을 포괄하기 때문이다. 물론 이것은 논리적으로 잘 이해될 수 있는 것이 아니다. 논리적으로 생각할 때 '은혜의 모든 것'의 의미는 '사람의 아무것도 아닌 것'이기 때문이다. 그래서 사람들은 '은혜의 어떤 것'(something of grace)과 '사람의 어떤 것'(something of man), 즉 **그리스도가 나를 위해 행한 것**과 **내가 나 자신을 위해 행하는 것**을 각각 주장함으로써 그리스도와 사람의 역할을 이분하는 유혹에 빠진다. 하지만 은혜의 모든 것은 분명 사람의 모든 것을 의미한다.

우리는 예수 그리스도가 우리와 맺은 모든 치유와 구원의 관계에서 우리를 인격화(personalising)하고 인간화(humanising)

그리스도의 중재

한다는 사실을 기억해야 한다. 그분과의 모든 관계 안에서 우리는 그 어느 때보다도 진실하고 온전한 믿음의 응답을 드릴수 있는 인간으로 거듭난다. 이러한 인격화 또는 인간화는 성령의 창조적 사역을 통해 우리 안에서 일어나는데, 성령으로 잉태하여 동정녀 마리아에게서 나시고 죽음에서 부활하신주 예수의 완전한 인간성에 우리를 연합되게 하시는 분은 성령이기 때문이다.

또한 예수의 성육신과 부활은 믿음과 거듭남의 기적을 우리 안에서 일어나게 한다. 그리스도에 대한 응답은 우리 자신의 뜻대로, 또는 우리 자신의 의지(그리스도가 우리에게 포기하라고 하신 바로 그 '자기의지')의 결정에 따라 우리 안에서 일어나지 않으며, 마찬가지로 주 예수 그리스도의 무조건적인 은혜의 효력이나 그분의 부활하신 생명의 능력 또한 우리 자신의 뜻에 따라 나타날 수 없다. 그러므로 은혜의 모든 것은 진정으로 사람의 모든 것을 의미한다. 그렇다면 우리를 위해 십자가에 못 박히고 부활하신 주 예수 그리스도의 무조건적인 은혜, 다시 말해 '그리스도의 모든 것'(all of Christ)이 어떻게 그분이 구원하시러 온 인류의 비하를 의미한다고 오해하게 된 것일까?

어떤 면에서 우리는 몇몇 비평가들의 마음속에 생겨난 것과 거의 똑같은 문제를 품고 있다. 그들은 그리스도가 모든 사람을 위해 죽으셨다는 신약성서의 가르침을 외면하지 않는 나의 설명을 읽을 때, '제한속죄'(limited atonement) 교리와 반대되는 '보편구원'(universal salvation) 교리를 제시한다고 생각한다. 그들에게 보편구원 교리는 예수의 십자가 죽음과 죄 용서 사이에 논리적 관계가 있음을 의미한다. 만약 예수가 모든 사람을 위해 죽으셨다면, 논리적으로 모든 사람이 구원받아야만 한다. 하지만 어떤 사람들이 지옥에 간다면, 논리적으로 그리스도는 그들을 위해 죽지 않으셨다는 것이다.

속죄에 대한 이러한 합리주의적 사고방식은 매우 슬픈 일이 아닐 수 없다. 이러한 방식에서 그리스도의 보혈이 지닌 효력은 성령의 사역과 무관하게 그저 논리적 관계로 설명되기 때문이다. 그러므로 궁극적으로 하나님의 무한한 존재에 근거를 둔 거룩한 신비인 그리스도의 대속적 죽음에 우리는 가장 큰 경배와 경외심을 가지고 다가서야 한다. 속죄의 이유와 방법은 하나님의 거룩한 사랑 속에 숨겨져 있다. 그 앞에서 천사들은 얼굴을 가리고 우리의 호기심 어린 마음으로부터 그 사랑을 지킨다.

다시 말하자면, 속죄에 대한 합리주의적 사고방식은 왜 어떤 사람들은 예수를 믿는데 어떤 사람들은 예수를 믿지 않거나, 또는 예수를 믿는 것을 거부하는지에 대한 논리적 이유를 제시하는 노력과 같은 실수이다. 이 시점에서 우리는 최후의 만찬에서 그리스도의 구속하는 사랑에 대한 지고한 약

　　　　　　　　　　　　그리스도의 중재

속을 받고도 배신한 유다를 떠올릴 수 있다. 예수를 거부하는 사람은 왜 거부하는 것일까? 그런 행동은 어떻게 설명될 수 있을까?

악은 언제 어떻게 발생하든지 우리와 하나님과의 관계 안에 급진적인 단절이나 불연속성을 수반하는데, 이는 본질상 설명할 수 없다. 이것을 설명하려는 시도는 그것이 무엇이든 그 단절을 가로질러 논리적 연속성의 선을 그릴 것이고 그 불연속성을 합리화할 것이다. 만약 그렇게 된다면, 곧 우리와 하나님 사이에 있는 끝없는 심연과 악의 수렁이 사라져 버리게 된다면, 그리스도의 십자가는 공허한 가짜 사건이 된다. 그런 경우 성육신하신 하나님은 속죄의 희생에 자신을 내어 주실 필요가 없었을 것이다. 하나님은 우리에게 악에 대한 설명을 제공하지 않으시지만, 그분과 우리를 분리시키는 악의 심연으로 스스로 들어가셨고, 성육신하신 아들의 속죄의 삶과 죽음을 통해 하나님과 우리 사이를 연결함으로써 결정적으로 그리고 최종적으로 악을 다루셨다. 동시에 하나님 자신이 우리를 구원하기 위해 속죄를 담당하셨다는 사실은 그 어떤 것으로도, 그 누구도 연결할 수 없는 인간과 하나님 사이에 존재하는 끝이 보이지 않는 불연속성의 본질을 드러낸다.

'속죄와 거룩한 삼위일체'를 다룬 마지막 장이 독자들이 경외와 경건한 생각으로 그리스도의 십자가가 지닌 불가해한 신비에 다가서는 데 도움이 되길 바란다.

개정판을 제작하는 데 흔쾌히 동의해 준 티앤티 클락 출판사의 제프리 그린(Geoffrey Green) 박사에게 깊은 감사를 표한다. 신학계는 그리스도교 문서 제작에서 그와 그의 헌신적인 직원들에게 큰 빚을 졌다.

토마스 F. 토렌스

37 Braid Farm Road,

Edinburgh EH10 6LE

1991년 2월

이 책의 목적은 학생, 목회자, 교회 지도자와 사역자들이 복음을 신학적으로 생각하도록 도움으로써 다양한 사역 가운데 복음의 내용을 더 확고히 이해할 수 있도록 하는 데 있다. 여기에 있는 내용은 세인트앤드루스 대학과 프린스턴 신학교에서 발표했던 그리스도의 중재에 관한 강연과 관련이 있으며, 그 당시 참석한 사람들의 상황과 조건, 필요에 자연스럽게 맞춰져 있다. 또한 1982년 10월에 맨체스터에 있는 나사렛 신학교에서 전했던 디즈베리 강연의 확장된 형태이기도 하다. 교직원과 학생들이 베풀어 준 친절에 깊은 감사를 표하며, 특히 톰 노블(Tom Noble) 학장—그가 에든버러 대학에서 신학을 공부하면서 성서학, 교부학, 교의학에 두각을 나타내 그의 선생님들에게 찬사를 받을 때 나는 그를 알게 되었다—에게 감사를 표한다. 설명을 좀 더 쉽고 간략히 하는 것이 복음을 전하는 폭넓은 사역에 유익할 것이라는 마음으로 참고문헌과 역사적 해설들은 생략했다.

사랑과 사려 깊은 보살핌이 넘치는 소중한 딸 앨리슨 덕에 아내와 나는 놀라운 축복을 받았다. 무한한 감사와 기쁨의 증거로 이 책을 딸에게 헌정한다.

Canty Bay, East Lothian

1982년 10월

토마스 F. 토렌스

차례

1장

계시의 중재

본질적으로 통합된 실재(reality)의 여러 측면을 분리하여 지식의 다양한 영역에 악영향을 끼치는 사고방식이 인류의 문화 속에서 때때로 발생했다. 고대 그리스에서 유래한 분석적 사고를 가진 유럽 전통에서는 사물의 감각적 외양을 그것의 기반이 되는 지적 토대에서 분리하는 사고방식이 보편화되었고, 이는 우리가 철학과 과학에서 발견하듯이 실재에 대한 지식이 외양과 그것에 대한 비판적 관찰을 통해 논리적으로 추론할 수 있는 것에서 인위적으로 분리되는 비극적 결과를 초래했다. 20세기 동안 과학이 극복하기 위해 고군분투해 온 상황이 바로 이것이다. 그리고 최근 수십 년 동안 일어난 과학의 놀라운 발전을 가늠할 수 있는 이유로는 우주 연구에 대한 좀 더 본질적이고 통합적인 접근 방식을 회복하는 데 성공했다는 사실을 들 수 있다.

자연에 대한 이러한 과학적 방법론의 면밀한 재조정이 가져온 이점 중 하나는 이분법적 사고방식이 하나님에 대한 지식, 특히 예수 그리스도 안에 있는 하나님에 대한 우리의 지식에 끼친 악영향을 보여 준 것이다. 이분법적 사고방식은 예수 그리스도를 하나님으로부터 분리하고, 예수 그리스도를 이스라엘로부터 분리하며, 그리스도교를 그리스도 자신으로부터 분리하도록 만든다. 그런 일이 일어날 때 복음의 본질은 위태로워진다. 사람들의 생각에서 하나님과 사람 사이의 중재에 대해 깊은 분열이 생겨나며, 중재자인 그리스도의 인격이 인류에 대한 하나님의 자기계시에서 분리되어 역사 속 구속의 목적에서 벗어나기 때문이다.

사실 이와 같은 문제는 고대 세계의 문화적 틀 안에 있는 이원론적 전제가 예수 그리스도를 성육신하신 하나님의 아들(요일 4:1-15)로 선포하는 것을 가로막는 위협이 되었을 때, 초기 그리스도교회가 직면했던 중대한 문제였다. 그때 교회는 "하나님은 한 분이시요 또 하나님과 사람 사이에 중재자도 한 분이시니 곧 사람이신 그리스도 예수라. 그가 모든 사람을 위하여 자기를 대속물로 주셨다"(딤전 2:5-6)는 신약성서의 가르침을 지키기 위해 고단한 신학적 투쟁에 참여했다. 이것은 근본적으로 오늘날 우리가 다루어야 할 문제와 동일하다. 왜냐하면 교회는 **예수 그리스도 안에서 우리를 향하신 하나님**과 **그분 자신의 존재 안에 계신 하나님**이 분리되거나 다르지 않다는 복음적 신앙을 지키기 위한 신학적 투쟁에 또다시 참여하고 있기 때문이다. 만일 존재와 행위의 관계가 단절되면 하나님과 인간 사이의 구원하는 중재의 복음 전체는 무너지게 된다.

인식론적으로, 고대나 현대에서 직면하게 되는 문제가 다음과 같은 방식으로 제기될 수 있다. 분석적 사고 전통에서는 본질적 또는 내재적 관계의 틀(존재)로부터 그리스도를 추상화하고, 그다음 복음서에서의 객관적 사건과 의미의 틀(행위)로부터 그리스도의 외적 모습을 추상화한다. 이미 언급한 대로 이같이 존재와 행위를 나누는 방식은 인식론적으로 신학에서만이 아닌 다른 탐구 분야에서도 극복하고자 노력했던 문제이다. 고전물리학과 관찰과학에서 물려받은 지극히 분석적이고 추상적인 사고방식에서 벗어나고자 했을 때, 우리는 본성 안에서 실제로 발견되는 관계와 행동의 양식을 따라 좀 더 역동적이고 관계적이며 통전적인 방식을 발전시켰다. 무엇보다 제임스 클러크 맥스웰(James Clerk Maxwell)과 알베르트 아인슈타인(Albert Einstein)의 획기적인 연구가 이 일을 이끌었다. 과학적 탐구에서 이러한 접근 방식을 채택할 때 우리는 상호관계 안에 있는 사물을 연구하게 되며, 이때 사물의 관계는 사물의 존재와 관련된다. 그러나 동시에 우리는 사물의 내적 관계에 비추어 사물을 이해하려고 노력한다. 사물은 다른 사물과 구별되는 고유한 구성적 특징 안에서 존재하기 때문이다. 결국 사물에 대한 연구는 존재와 관계 둘 중 하나를 배제하고는 바르게 수행될 수 없다. 내가 보기에 우주에 대한 현대의 지식이 입자물리학과 천체물리학을 통해 발전하여 놀라운 결과를 가져온 것도 바로 이런 맥락과 상응한다.

의심할 여지 없이 모든 지식 영역에 적용되는 사물을 이해하는 더 깊고 자연스러운 방식으로의 진보는 신학적 탐구와 관련될 수밖에 없다. 이는 예수 그리스도에 대한 우리의 지식에서 두 가지 접근 방식을 받아들여야 한다는 것을 시사한다. 한편으로 우리는 다윗과 마리아의 아들로 태어나신 실제적인 상호관계의 틀 안에서, 즉 이스라엘이 하나님과 맺은 언약의 친밀한 유대 관계의 관점에서 그리스도를 이해하려고 노력해야 한다. 그러나 다른 한편으로 우리는 그리스도를 그의 외형에서 추론하는 방식이 아니라, 하나님과의 내적 관계 안에서 자기 자신으로 존재하는 분으로서 이해하고자 애써야 한다. 다시 말해, 말과 행동 안에서 그리스도의 자기증거(self-witness)와 자기소통(self-communication)을 통해 계시되었고 교회의 사도적 토대 안에서 복음적 전통을 통해 반영된 그리스도의 본질적인 의미에 비추어 그분을 이해하기 위해

그리스도의 중재

노력해야 한다.

지식에 대한 이 같은 접근 방식을 자연과학이나 신학에서 받아들일 때, 우리는 그러한 진보가 결국 순환적이라는 사실을 이해하게 된다. 어떤 실재의 영역이 그것의 복잡한 내적 관계나 잠재된 구조 속에서 우리에게 자신을 드러내도록 허용하는 탐구의 한 형태를 발전시킴으로써 실재가 가진 고유의 이해가능성(intelligibility) 또는 로고스(logos)에 비추어 실재를 이해하는 것을 추구하게 된다. 그렇게 할 때 실재에 대한 모든 증거는 재조명되고, 재해석되며, 일관성 있는 질서 유형으로 들어간다. 그래서 우리는 어떤 대상을 외부적이거나 이질적인 사고의 틀로 도식화하는 것이 아니라, 그 대상에 적합한 사고의 틀을 사용하여 그것을 이해하려고 노력한다. 이런 방식은 대상의 고유한 구성적 관계로부터 제안되는 것으로, 우리가 어떤 대상을 충실히 이해하고 해석할 때 합리적으로 채택해야 하는 사고방식이다.

나는 때때로 이 과정을 직소 퍼즐을 풀 때 하는 행동에 비유한다. 처음에는 흩어져 있는 조각들을 어떻게 끼워 맞출지 머릿속으로 고민해야 하는데, 이때 조각들이 합쳐져 완성된 그림이 눈에 들어온다. 하지만 완성된 그림이 눈에서 사라지고 퍼즐 조각들이 어지럽게 흩어져 버리면 조각들을 다시 하나로 모아 그림으로 완성하는 것은 거의 불가능해진다. 그 순간이 되면 우리는 원래 그림이 무엇이었는지 알지 못하는 사람이 된다. 과학적 탐구 과정에서도 이와 유사한 일이 일어난다. 일단 사물 유형에 대한 기본적인 실마리를 잡거나 예상되는 통찰을 얻게 되면, 우리는 모든 자료를 재검토하고 재해석하기 시작하고, 발견한 기본적 통찰의 안내에 따라 일관된 유형이 전체적으로 명확히 보일 때까지 자료를 하나로 통합한다. 물론 과학적 탐구에서 사용하는 근본적인 통찰은 모든 증거가 함께 모여 서로를 조명하면서 수정될 수도 있지만, 그럼에도 과학적 발견은 과학적 통찰 아래 있다. 일단 과학적 통찰로 인해 무엇이 발견되면 이전 상태로 돌이킬 수 없는 무언가가 우리의 이해에서 생겨난다. 되돌릴 수 없고 합리적으로 부정할 수 없는 진리의 한 유형이 마음속에 자리 잡게 되는 것이다.

나는 신약성서의 공동체와 초대교회에서 이런 이해가 깊어지는 과정이 형식적인 과학적 방식이 아니라, 지극히 자연스럽고 직관적인 방식으로 일어났다는 점을 말하고 싶다. 십자가에 못 박히신 예수가 죽은 자 가운데서 부활하여 그분의 성령을 오순절 마가의 다락방에 모인 제자들에게 부어 주셨을 때, 그분의 모든 인격과 말씀과 행동의 본질적인 의미가 자명하게 드러났고 그분은 하나님의 말씀으로서 교회를 사로잡았다. 돌이켜보면 사도들과 교부들에게는 예수 그리스

그리스도의 중재

도의 구원 사건 전체를 그 사건이 지닌 고유한 명료성과 이스라엘의 맥락에서 형성된 객관적 의미의 구조 안에서 이해하는 기초적인 통찰이 있었다고 말할 수 있다. 그들이 사용한 근본적인 단서는 한편으로는 베들레헴과 나사렛 출신 유대인 예수 그리스도가 성부와 하나라는 것이었고, 다른 한편으로는 그리스도가 이스라엘의 독특한 실재와 역사로부터 분리되지 않는다는 것이었다. 그런 복잡한 상호관계 속에서, 그들은 예수 안에서 구현된 복음의 본질적인 내용이 하나님과 이스라엘의 언약적 동반자 관계에서 들려온 구약의 말씀과 관련되어 있음을 이해했고, 그것이 온 인류의 구원을 위한 메시지임을 발견했다. 구원하는 계시 안에서 예수의 삶과 죽음, 부활의 놀라운 사건들은 하나님의 은혜와 진리의 질서 안에 놓이게 되었고, 예수 자신이 성육신하신 하나님의 아들이며 세상의 구세주라는 놀라운 신비가 밝혀지게 되었다.

이 장에서 우리의 주된 관심사는 그리스도의 중재를 이스라엘과의 친밀하고 깊은 관계의 관점에서 고찰하는 것이다. 이로써 하나님과 인간 사이의 중재가 하나님과 이스라엘의 고뇌에 찬 투쟁을 통해 인류 안에 뿌리내리고 성육신을 통해 결정적으로 성취되었음을 새롭게 이해할 수 있을 것이다. 이스라엘의 예배와 인류에 대한 제사장적 사명의 틀 안에서 형성된 중재의 구조를 살펴볼 때, 우리는 계시와 화해에 지속적으로 작용하는 하나님의 목적을 발견하게 된다. 계시와 화해는 실제로는 분리될 수 없는 관계에 있지만, 논의의 목적을 위해 이 장에서는 **계시의 중재**에 관심을 기울이고 다음 장에서는 **화해의 중재**에 더 관심을 기울여 설명할 것이다.

하나님의 계시의 내용을 파악하기 위해 우리에게 필요한 것은 무엇일까? 우리가 일을 하고, 물건을 만들고, 그 물건에 모양을 낼 때, 심지어 도구를 만들 때도 도구가 필요하듯이 하나님에 대한 지식을 얻기 위해서는 적절한 도구가 필요하다. 현대 사회에서 가장 중요한 산업 중 하나인 공작기계산업을 생각해 보자. 몇 년 전 나는 산업계의 연구 과학자 그룹과 회의를 한 적이 있는데, 그들 중 일부는 매우 민감하고 복잡한 장비들을 고안하고 만드는 일에 종사하고 있었다. 그들 중 한 명이 한 대학의 고에너지 물리학과를 위해 만들고 있는 장비의 종류를 설명했을 때, 나는 놀라움을 감출 수 없었다. 그것을 만들기 위해서는 물리학자들만큼이나 고에너지 물리학에 대해 알아야 할 뿐만 아니라, 연구를 발전시킬 수 있는 장비를 물리학자들에게 제공하기 위해서는 자기 자신도 독창적인 연구를 진행하여 새로운 발견을 해내야 하는 것이 분명해 보였기 때문이다. 그때 나는 과학과 기술을 하나로 혼동해서는 안 되지만 모든 과학, 특히 순수과학은 탐구 대상에 대한 지식과 이해를 형성하기 위한 적절한 도구를 만드는 데 관

그리스도의 중재

여한다는 사실을 깨닫고, 이에 대해 많은 생각을 하게 되었다.

여기서 내가 말하는 도구는 물리적 또는 전자적 도구가 아니라 **개념적 도구**이다. 진정으로 무엇을 이해하기 위해서는 그것을 파악할 수 있는 적절한 방법을 찾아야 하고, 우리가 마음속에서 파악한 것을 구체화할 수 있어야 한다. 다시 말해, **우리가 실제로 무언가를 알기 위해 필요한 것은 생각과 언어의 적합한 방식이다.** 이런 종류의 개념적 도구는 우리가 이미 알고 있는 것을 기존의 사고방식과 언어 체계에 접목시켜서는 이해할 수 없는, 근본적으로 새로운 무언가를 다루어야 할 때 그리고 기존의 사고방식과 언어 방식이 부적절하고 틀린 것으로 드러날 때 절실히 요구된다. 자연에 대한 전적으로 새로운 발견들은 그것들에 상응하는 사고와 언어에 대한 새로운 체계와 표현방식을 필요로 한다. 그렇기 때문에 과학적 탐구가 새로운 지평을 열어 전혀 예상치 못한 발견을 거듭할수록 우리는 새로운 지적 도구와 상징적 언어를 고안해야 하고, 만약 이러한 것들이 지금까지 알려지지 않았던 자연의 측면과 실제로 일치한다면 더 많은 발견 가능성이 열리게 된다.

나는 이것이 하나님에 대한 우리의 지식에도 동일하게 적용된다고 믿는다. 우리가 하나님을 알고 그분과 조화되는 방식 안에서 그분에 대해 말하려면, 적합한 사고와 언어, 개념적 형태와 구조, 경건하고 합당한 예배 습관과 행동이 하나님에 대한 우리의 태도를 결정해야 한다. 이제 이런 관점에서 하나님과 이스라엘 백성의 역사적 관계를 숙고해 보자. 그리고 잠시 다소 의인화된 방식으로 다음과 같이 생각해 보자.

하나님은 인류에게 자신을 드러내고 알리고자 하는 열망으로 온 인류 가운데 한 작은 민족을 선택하셨고, 그들을 자신과의 철저한 상호작용과 소통 아래 계시를 반영하는 존재와 삶으로 만드셨다. 이것은 마치 예레미야의 비유에 등장하는 토기장이와 진흙의 관계와 유사하다. 토기장이는 진흙 덩어리를 가져다가 물레 위에 던져 놓고 자신의 목적에 맞는 그릇이 될 때까지 손가락에 일정한 힘을 주어 회전시킨다. 그러나 진흙의 표면이 울퉁불퉁해져서 다루기 어렵게 되면 토기장이는 그것을 부수고 자신의 목적에 따라 다시 만든다. 그 작업을 자신의 목적에 부합하는 그릇이 만들어질 때까지 계속해서 반복한다. 구약의 선지자들과 사도 바울 역시 이스라엘을 하나님의 손안에서 그분의 뜻을 따르는 진흙으로 여겼다. 이 진흙은 비인격적인 작품을 만드는 인간 토기장이의 기계적 방식이 아니라, 아버지가 그의 자녀에게 고유한 형질을 부여하는 방식으로 이스라엘의 토기장이인 하나님의 손에 의해 빚어졌다. 그리하여 하나님은 언약으로 이스라엘과 특별한 가족관계를 맺으셨고, 그 친밀한 가족관계의 구조 안

그리스도의 중재

에서 계시의 목적이 그들을 통해 성취될 수 있도록 이스라엘 세대에게 하나님 자신을 더욱 깊이 새겨 넣으셨다.

그것은 무엇보다 모든 인류를 위한 하나님의 목적이었다. 하나님은 그분에 대한 이해를 인류에게 가능하게 하는, 따라서 하나님을 아는 지식이 인류의 토양에 뿌릴 내릴 수 있게 하는 실제 수단, 모든 영적 도구, 적절한 이해와 예배와 표현을 제공하기 위해 독특한 방식으로 이스라엘을 선택하고 품으셨다. 이 과정에서 양방향 운동, 곧 **신적 계시가 인간의 마음에 적합하게 수용되는 것**과 **인간의 이해와 언어가 명료한 형태로 신적 계시에 응답하는 것**이 수반되었다.

우리는 하나님과 이스라엘의 오랜 역사적 대화를 이런 관점으로 바라보아야 한다. 다시 말해, 하나님의 말씀(the Word of God)이 이스라엘 백성의 존재와 영혼의 심연에 인간적인 형태로 수용되면서도 그 말씀으로 인한 인간의 응답이 말씀에 고정되도록 하는 방식으로 침투하였고, 이로써 말씀은 그들에게 더욱 깊이 전달될 수 있었다. 이스라엘에 대한 하나님의 자기계시는 점점 더 깊어지는 나선형 운동으로, 결코 쉽거나 고통 없는 과정이 아니었다. 그 과정의 산물인 구약성서는 이스라엘이 하나님의 계시를 위해 구별된 백성으로서 하나님의 친밀한 자기주심(self-giving)과 자기소통 속에서 순응적이고 봉사할 수 있는 존재가 되기 위하여 하나님의 섭리라는 수레바퀴에 의해 수없이 부서지는 극심한 고통과 시련을 겪었음을 보여 준다.

그 혹독한 경험을 통해 하나님과 이스라엘 사이의 언약의 유대는 점점 더 견고해졌으며, 이스라엘 존재에 뿌리를 내렸다. 이는 이스라엘을 지상의 민족들 가운데 기이한 민족으로 만들었고, 그들이 언약 관계에 놓인 운명에 저항할 때마다 내적인 격동에 휩싸이게 했다. 이스라엘이 화해의 중재를 위한 하나님의 도구로 사용되었다는 의미는 다음 장에서 다룰 것이다. 다만 이 시점에서 우리가 반드시 숙고해야 할 것은 계시의 중재를 위해 맡겨진 이스라엘의 고유한 역할이다. 이스라엘이 '하나님의 말씀을 맡은 백성'으로 부름을 받았다는 사실, 즉 그 말씀을 삶의 방식으로 구현해야만 한다는 사실은 그들로 하여금 다른 민족들과의 관계에서 육체적·정신적 고통을 겪게 했다.

그러나 이스라엘은 무엇보다도 인류를 향한 하나님의 자기계시의 도구로 그들을 선택하신 바로 그 하나님으로부터 고통을 받아야만 했다. 하나님의 계시는 이스라엘의 마음과 영혼과 기억 속에서 하나님의 거룩함과 자비와 진리와 상충되는 모든 것을 태워 없애는 불이기 때문이었다. 계시는 그 본질상 인간의 사고와 이해에 깊이 뿌리내린 하나님과 대립하는 습관과의 갈등 없이는 충실하게 전유될 수 없었고, 계시

그리스도의 중재

를 전달하는 적합한 수단으로서의 새로운 사고와 이해와 언어의 발전 없이는 바르게 표현될 수 없었다.

하나님의 말씀(the Word of God)은 이스라엘이 살아 계신 하나님과 역사적이고 신앙적으로 만나는 긴 시련의 세월 동안, 그리고 이스라엘의 생각과 신앙, 문학과 삶의 방식이 독특한 문화적 통합을 이루는 과정에서 하나님의 인격적 자기 소통이 인간의 참되고 신실한 환대와 만나는, 인류를 향한 계시의 마지막 중재를 준비하셨다. 그리고 마침내 때가 되어 하나님의 말씀은 동정녀 마리아에게서 나신 예수 안에서 인간이 되었다. 이스라엘의 믿음과 경배와 기다림 속에서 그분은 하나님이시자 인간으로 오셨고, 이스라엘을 통해 온 인류가 하나님과 맺은 언약 관계는 그분 안에서 단번에 모아지고, 변화되고, 성취되었다. 예수 안에서 하나님의 계시와 인간의 이해가 완전하게 일치되었고, 하나님의 말씀과 인간의 완전한 응답이 중재자 예수의 한 인격 안에서 불가분하게 연합되었다. 예수는 성부로부터 받은 그분 자신의 사명에 동화된 사도 공동체에 의해 성부와 성령과 함께 인정되고, 믿어지며, 예배를 받으셨다. 그러므로 하나님의 성육신하신 계시이자 구현된 지식이신 예수 그리스도는 그분 자신 안에서 길과 진리와 생명이 되신다.

성부께 나아갈 수 있는 길은 오직 예수 안에서만 모든 사람을 위해 자유롭게 열려 있다. 다시 말해, 하나님의 성육신하신 말씀과 진리이신 예수 그리스도는 자신의 인격적 존재 안에서 그분이 중재하는 계시와 동일하다. 그러나 동시에 그분은 계시가 이해되고 해석되어야 하는 바로 그 길이며 사람들의 빛이 되는 바로 그 생명이다. 왜냐하면 하나님께 합당한 방식으로 하나님에 대한 지식을 파악하고 표현하는 데 필요한 분별력과 사고방식과 이해구조는 그리스도 안에서 성육신하신 하나님의 마음에 우리의 마음이 동화될 때에만 비로소 주어지기 때문이다.

이제 그리스도 안에 있는 계시의 중재에 대한 몇 가지 측면을 조금 더 세밀하게 살펴보자. 이는 역사 속 하나님의 계시와 그 목적의 전체 흐름 안에서 이스라엘에 부여된 독특한 역할과 운명에 관련되어 있다.

(1) 하나님과 이스라엘의 언약적 동반자 관계는 하나님의 계시와 바울이 '육신의 생각'이라고 부른 것 사이에서 지속적인 갈등을 수반했다.

이스라엘이 하나님의 선택을 받은 것은 어떤 특별한 종교적 성향이나 통찰 때문이 아니었다. 그들은 다른 민족과 전혀 다르지 않았다. 반대로 그들이 다른 민족보다 도덕적으로나 영적으로 형편없었기에 선택을 받은 것도 아니었다. 그러나 전례 없이 친밀한 방식으로 하나님과 이스라엘이 서로에 게 가까이 다가섰던 언약 관계 속에서 하나님으로부터 소외된 인간의 본성적 저항은 필연적으로 격렬해졌고, 따라서 하나님에 대한 이스라엘의 저항은 그들에게 부어 주신 하나님의 은총에 대한 역행으로 보였다. 언약의 도덕적·예전적 제도 안에서 거룩함과 의로움, 진리와 사랑으로서의 하나님의 본성에 대한 계시는 이스라엘의 모든 삶과 사고방식에 영향을 주었다. 그분의 본성은 이스라엘의 본연의 모습, 종교적 욕망, 예배 방식과는 상반되는 것이었는데, 이러한 사실은 이스라엘의 야훼 예배와 바알과 아세라 숭배, 곧 구약성서 전체에 나타난 하나님께 드리는 예배와 자연과 성(sex) 숭배 사이의 끊임없는 갈등에서 발견된다.

신적 계시의 목적은 이스라엘의 모든 내재된 반감을 뚫고 이스라엘 안에서 계시의 실현과 구현을 위한 길을 열며, 그 백성의 영혼과 마음을 완전히 돌이켜 더 이상 자기 중심이 아닌 하나님 중심이 되도록 하는 것이었다. 하지만 계시가 이스라엘에 만연했던 우상숭배와 신화를 물리치고 살아 계신 하나님에 대한 헌신과 성실을 불러일으켰을 때도, 그리고 계시가 그들의 영혼과 마음을 사로잡아 그 안에 하나님에 대한 가장 심오하고 숭고한 이해를 만들어 냈을 때도, 이스라엘과 하나님 사이에는 일종의 '애증관계'가 남아 있었다. 하나님의 말씀(the Word of God)이 이스라엘 존재의 가장 깊은 내면으로 침투하여 구체화될수록 말씀은 그 안에서 불처럼 타오르는 것 같았고, 주님의 말씀을 짊어진 위대한 선지자들은 고통 속에서 부르짖었다. 계시의 전달자가 된다는 것은 고통받는 것이며, 고통받을 뿐만 아니라 죽임을 당하고 다시 살아나는 것이며, 살아나는 것일 뿐만 아니라 말씀의 창조적 영향 아래 끊임없이 새로워지고 재구성되는 것이다. 이것이 바로 이스라엘에서 일어난 예수의 십자가와 부활의 선역사(pre-history)이다.

히브리어 관용구에서 '계시'는 하나님이 드러나는 것(unconvering)뿐만 아니라 계시를 받아들이는 인간의 귀와 마음이 드러나는 것을 의미한다. 따라서 이스라엘을 통한 하나님의 계시의 중재는 하나님의 본성을 드러낼 뿐만 아니라 인간의 마음속에 깊이 박혀 있는 하나님에 대한 타고난 반역성을 폭로하는 역할을 한다. 우리가 이스라엘과 하나님과의 관계에서 발견할 수 있는 것처럼, 만일 계시가 인간의 내면으로 깊이 들어올수록 하나님에 대한 인간 마음의 적대감이 심화되는 것이 사실이라면, 인류를 위해 계시를 전달하고 중재하는 이스라엘의 숙명적인 직분은 하나님에 대한 우리 자신의 잠재된 적대감을 불러일으키고 그것을 표면화하는 역할과 관련될 수밖에 없다.

앞서 언급했듯이, 적대감은 이스라엘이 항상 다른 민족들로부터 겪어야 했던 문제이다. 왜냐하면 하나님과의 특별한 관계가 이스라엘의 생활방식과 사고방식의 기본구조에 영향을 주어 이스라엘을 기이하게 만들었기 때문이다. 하지만 그 이면에는 기이함의 원인이 된 하나님과 이스라엘 사이의 갈등이 하나님과 우리 자신의 갈등을 반영하고 있다는 사실이 놓여 있다. 그리고 우리의 실제 분노와 갈등은 이스라엘에 비친 계시의 조명과 관련 있지만, 정작 우리는 이스라엘 그 자체에 분노를 표출한다. 나는 바로 여기에 반유대주의(anti-semitism)의 뿌리가 있다고 생각한다. 그러나 반유대주의가 언제 어디서든 발생한다는 것은 사람들이 하나님과 갈등을 겪고 있으며, 이스라엘에 흔적을 남긴 동일한 종류의 갈등을 겪고 있다는 분명한 신호이다. 이스라엘처럼 인간과 하나님 사이에 존재하는 모순과 갈등을 깊이 또는 극심하게 겪은 민족은 없다. 이런 점이 세상 속에서의 이스라엘의 역할에 대한 이해를 어렵게 만드는 이유이다. 그러나 우리 자신이 유대인을 거부하고 있다는 것을 발견한다면, 그때 정말로 문제가 되는 것은 이스라엘 자체가 아닌 하나님과의 갈등인 것을 알아야 한다.

그러므로 이스라엘은 계시가 인간 존재에 대한 자연주의적(naturalistic) 구조를 깨뜨리고 인간 사고의 자연주의적 방식에 의문을 제기한다고 가르친다. 만일 우리가 하나님이 선택하신 방식, 곧 이스라엘을 통해 그리스도로 향하는 방식을 따라 하나님을 알고자 한다면—하나님이 이것을 선택했기에 다른 방법은 없다—이스라엘에 깊이 박힌 진리의 칼이 우리 자신의 마음도 찔러 하나님에 대한 은밀한 모순을 드러내도록 해야 한다. 만일 우리가 세상의 풍조에 동화된 모습에서 벗어나 그리스도 안에서 마음을 새롭게 함으로 변화되려면, 예수 그리스도를 통한 하나님의 자기계시의 마지막 중재를 위해 준비된 이스라엘이 겪은 마음과 영혼의 고통스러운 변화를 배우고 나눠야 한다. 그때에만 우리는 하나님이 우리에게 밝히시고자 하는 뜻을 인식하고 분별하며 감사하는 자리에 서게 될 것이기 때문이다.

(2) 하나님이 선택하신 이스라엘은 호혜 공동체(community of reciprocity) **형태로 나타났다.**

지금까지 살펴본 바와 같이, 하나님은 자기계시를 인간의 지식에 적합하게 전달하시고, 적합하게 전달된 계시의 내용을 받아들이며 이해하도록 인간의 지식을 계시에 순응시키는 방식으로 그분의 계시를 중재하신다. 이처럼 하나님의 말씀(the Word of God)은 이스라엘의 응답을 불러일으키고 그 응답을 말씀의 계시에 동화시키는 창조적인 방식으로 주어졌기 때문에, 계시의 중재는 이스라엘의 신성한 역사 전반에 걸쳐 반복되며 심화되는 과정으로 전개되었다. 그래서 이스라엘은 인류 가운데 거룩한 제사장 백성으로서 그들의 존재와 사명의 내적 구조와 삶에 하나님의 말씀이 새겨질 때까지 계시와 계시에 대한 인간 이해 사이에 있는 상호적응 과정을 깊이 감당했다.

이것을 다음과 같이 생각해 보자. 하나님이 그분의 자녀인 우리와 맺으시는 모든 관계는 호혜적이다. 하나님은 기도를 들으시고 응답하시는 분, 간구로써 그분 앞에 인격적으로 나아갈 수 있는 자유를 우리에게 주시는 분으로 자신을 분명히 드러내신다. 그렇기에 예수는 구하면 받을 것이고, 찾으면 찾을 것이며, 문을 두드리면 열릴 것이라고 가르치셨다. 사실 예수가 기도에 관해 가르치신 것의 대부분은 이렇게 단순한 간구와 관련이 있다. 기도는 하나님과 인간 사이의 양방향 움직임을 수반하는데, 이것은 예수가 성부에 대한 자녀로서의 관계에서 보여 주신 것이다. 그리고 예수는 우리를 자신의 관계에 참여시켜 성부에 대한 아들의 관계를 우리가 하나님과 맺는 호혜적 관계의 근원과 본보기로 삼으셨다. 바로 이러한 관계가 하나님이 이스라엘과 맺은 언약의 말씀, 즉 "나는 너희에게 아버지가 되고 너희는 내게 자녀가 되리라"(고후 6:18)는 말씀에서 기대하신 관계이며, 이를 토대로 예전과 찬미와 봉사로 하나님께 나아가는 이스라엘의 모든 삶의 구조가 형성되었다.

언약에서 기대된 하나님과 이스라엘의 호혜성은 인격적일 뿐만 아니라 공동체적인 특징을 지니고 있었다. 하나님과의 인격적 관계는 이스라엘과 하나님과의 공동체적 상호작용 속에서 이루어졌기 때문이다. 구약성서는 하나님이 언약 백성에게 신의를 지키신 방식을 '인애와 진리'라고 표현하고 있는데, 동일한 표현을 언약 백성 간의 관계를 설명하는 데 사용한다는 사실은 의미심장하다. 이는 이스라엘 백성이 서로 맺은 그 관계가 바로 하나님 자신이 이스라엘과 맺은 관계였기 때문이다. 하나님과 이스라엘의 언약적 동반자 관계는 이스라엘 백성이 서로 맺은 형제의 언약을 포함했고, 형제의 언약은 하나님이 이스라엘과 맺은 언약 관계에 근거를 두었다. 따라서 언약적 동반자 관계의 수직적 상호관계와 수평적 상호관계는 서로를 관통하여 하나님과 이스라엘 사이에 일관된 호혜 공동체를 구성하고, 이스라엘에 대한 하나님의 자기계시와 자기주심에 대한 공동체적 응답을 나타냈다고 할 수 있다.

그러므로 계시의 중재에서 이스라엘의 역할을 이해하고자 할 때 우리는 유대인, 구약성서의 저자, 선지자 각각이 아니라, 바울의 표현을 빌리자면 '온 이스라엘' 즉 하나님 앞에 일관된 존재로서의 이스라엘 전체를 숙고해야 한다. 하나님은 이스라엘의 존재와 사명 전체를 통해 그분의 계시를 중재하셨고, 이스라엘은 인류에 대한 하나님의 자기계시와 자기소통에 대한 공동체적 상응으로서 존재했으며 계속해서 유지되었다. 이것은 이사야, 예레미야, 에스겔, 그리고 모든 선지자가 하나님과 특별한 관계를 맺은 하나의 공동체로서 하나님의 말씀을 받고 전할 질그릇으로 빚어지고 만들어졌지만, 단지 그들만이 아닌 이스라엘 자체를 하나님이 보내신 선지자로 생각해야 한다는 것을 의미한다. 하나님의 선지자들은 계시에 대한 공동체적 상응인 이스라엘 안에서 보냄을 받았고, 구약성서는 계시의 공동체적 상응인 이스라엘로부터 기록되고 전해졌다.

　이스라엘을 통해 인류에게 계시를 중재하는 방식에서 하나님은 계시와 계시를 받아들이고 구현하도록 세상에서 부름받은 사람들, 곧 계시와 교회가 불가분의 관계에 있음을 가르치신다. 이러한 조명 아래 우리는 현대에 이르러서도 이스라엘이 그들의 신성한 운명과 깊은 영적·민족적 갈등을 겪고 있다는 사실을 이해해야 한다. 다른 어떤 나라와도 비교할 수 없는 이스라엘은 단순히 국가나 민족(*ethnos*)이 아니라 하나님의 백성(*laos*)이다. 이스라엘의 '특별한' 지위와 특성, 곧 지상 만민 중에서 하나님의 특별한 소유이자 '거룩한 나라'

로 택정된 백성인 이스라엘은 일종의 교회, 다시 말하자면 하나님에 대한 지식을 전하고 계시의 상호관계로써 거룩하게 변화되고 구성된 공동체이다. 이러한 역할은 이스라엘이 독립된 국가적 실체로서 스스로를 방어해야 하는 오늘날의 세계에서는 수행하기 매우 어려운 것이다. 왜냐하면 하나님의 백성(laos)으로서의 이스라엘이 그들의 모든 역사와 존재의 근간이 되는 하나님과의 관계를 훼손하지 않고는 지상의 다른 나라들처럼 그저 평범한 하나의 국가나 민족(ethnos)으로 행동할 수 없기 때문이다. 다시 말해, 이스라엘은 그들을 하나님의 백성으로 만드는 하나님과의 언약에서 분리되지 않고서는 스스로의 존재를 완전히 민족시킬 수 없다. 반대로 우리는 오늘날 이스라엘의 곤경을 통해 하나님의 계시를 맡은 제사장 백성인 이스라엘이 구약과 신약 시대에서 수행해야 했던 고된 역할을 보다 잘 이해할 수 있다.

우리는 전승된 구약성서가 마치 그 자체로 독립된 실체를 가지고 자유롭게 떠다니는 신탁인 것처럼 여겨서는 안 된다는 사실을 더욱 분별력 있게 인식해야 한다. 구약성서는 이스라엘의 모든 역사적 사실과 하나님의 말씀(the Word of God)을 받아 인류에게 전달하는 이스라엘의 대리적 역할(vicarious role) 안에서, 특히 예수 그리스도의 성육신 안에서 구체화된 성서의 내용과 분리될 수 없기 때문이다. 그러나 우리는 또한

그리스도의 중재

하나님이 이스라엘을 통해 보여 주신 방식으로부터 신약성서가 시공을 초월한 계시의 기록이 아니며, 그리스도와 성령을 통한 계시의 중재가 구체화된 교회의 사도적 기초에 결부되어 있다는 것을 배울 수 있다. 그러므로 신약성서는 계시의 의미와 복음적 메시지를 반영하고 해석하기 위한 구조적 기준 또는 해석적 틀인 교회의 사도적 기초를 중심에 두고 이해해야 한다. 이스라엘을 통해 중재된 계시의 성취와 그 구약의 계시에 상응하는 교회가 이스라엘 안에 통합되지 않는다면, 신약성서는 분명 그 자체로서의 해석을 제공하지 않을 것이다.

(3) 하나님의 계시는 이스라엘의 영적 현실과 육적 현실을 교차시키고 통합하는 방식으로 임했다.

하나님의 말씀(the Word of God)이 이스라엘의 지상적 존재와 행동에 물리적으로 관련되어 있음을 묘사하는 방식은 구약성서에서 볼 수 있는 가장 놀라운 특징 중 하나이다. 하나님의 계시는 도덕적·종교적 의식 표면에 잔물결을 일으키는 방식으로써 이스라엘의 삶과 문화에 미미한 영향을 준 것이 아니라, 이스라엘의 깊은 내면으로 침투하여 시공간 속에 존재하는 이스라엘의 현실에 연루되었다. 그래서 인간의 언어로 표현된 계시는 명료하고도 구체적인 형태로 이스라엘을 사로잡았다. 하지만 마음속에 이원론적 사고방식이 작동할 때 이러한 계시의 특징은 이해하기 어려워진다. 이원론적 사고방식은 이스라엘의 종교적 개념을 시공간에서의 존재와 역사의 특수성으로부터 분리해 계시를 시간적이고 물리적인 형태로부터 제거하기 때문이다. 이것이야말로 치명적인 실수이다. 그러나 이제 현대적인 사고체계에서 다른 관점으로 생각할 수 있는 변화가 일어나고 있다. 그것은 시간 없이는 공간이 없고 공간 없이는 시간이 없다는 인식, 즉 시공간에 대한 통합적 사고이다. 하나님의 계시는 시공간이라는 연속적인 불가분의 영역에서 이스라엘에 전달되었고 이스라엘과의 소통과 표현이 물리적 형태와의 불가분적 관계로 엮인 방식 안에서 일어났다. 이후 설명하겠지만 계시와 화해가 서로 분리되지 않고 함께 기능해야 했던 이유가 바로 여기에 있다.

그렇다면 이것은 무엇을 의미할까? 단순히 말해서 만일 우리가 하나님의 계시를 이스라엘 안에서 그리고 이스라엘을 통해 나타난 특정한 시공간적 형태 안에서 이해하고 해석해야 한다면, 그때 구약성서는 이스라엘 백성과 그들이 살았던 땅과의 관계에서 분리될 수 없다는 의미이다. 성서의 백성과 땅의 백성은 분리될 수 없는 관계에 있다. 그들은 하나님이 이스라엘과 맺은 언약적 동반자 관계의 실현과 역동적 과

42   그리스도의 중재

정에서 함께 형성되었기 때문이다. 백성과 땅과 계시 사이의 내부 구성적 연결이 끊어질 때 생기는 일은 유대인들이 하나님의 자기계시의 시공간적 환경으로부터 급격한 분리를 경험했을 때 유대교에서 일어난 일로부터 알 수 있다. 계시의 환경에서 분리된 유대교는 그토록 중요했던 제사장적·구속적 전통을 상실한 채 시공간과의 관련성이 결여된 추상적인 윤리적 종교로 전락하는 경향을 보였다. 그러나 이와는 매우 다른 현상이 오늘날의 유대교에서 발견된다. 유대교가 잃어버린 구체성을 회복하기 위해 고군분투하며 역행하는 과정이 이스라엘 안에서 일어나고 있다. 그것은 율법을 따르는 삶의 방식 그 이상의 것과 행동이 하나님에 대한 믿음과 관련되어 있다는 사실을 반영하는 상징을 회복하는 것이다. 이러한 변화는 율법과 약속의 땅이 이스라엘 백성 안에서 하나로 결합되어 그들의 영혼과 마음에 일어난 급진적 변화와 관련있다. 그리고 이로부터 추상적인 지성주의와 율법주의적 도덕주의에 빠져 있던 유대인들에게 하나님에 대한 새로운 이해가 생겨났다.

하나님의 섭리적인 돌봄 안에서 신적 계시의 힘이 마치 토기장이가 그릇의 목적에 적합하지 않은 질그릇을 깨뜨리고 새롭게 빚어내는 것처럼 이스라엘을 새롭게 빚어 왔음이 분명하다. 나는 근현대에 겪은 이스라엘의 비교할 수 없는 고난과 팔레스타인에서의 삶의 경험으로부터 하나님에 대한 더 깊고 구체화된 이해가 생겨나고 있고, 이로써 그리스도인들과 모든 인류는 달리 배울 수 없는 지극히 중요한 사실을 알게 되리라 믿는다. 예를 들어, 오늘날 세계의 시급한 생태적·윤리적 문제와 관련된 모든 종류의 사안들이 이로부터 영향을 받을 것이다. 그러나 의심의 여지 없이 이스라엘을 통한 하나님에 대한 이해는 하나님과 우주에 대한 새로운 일원론적 관점을 발전시킬 것이다. 그 안에서 물리적인 것과 영적인 것, 유형의 것과 무형의 것, 가시적인 것과 비가시적인 것, 현세적인 것과 영원한 것, 자연적인 것과 초자연적인 것, 도덕적인 것과 종교적인 것이 이스라엘의 삶과 존재에서 실제적 형태와 모습으로 드러난 하나님의 언약적 신실하심 속에서 상호침투하고 상호내재한다고 밝혀질 것이다. 그러므로 인간의 육체적·지적·사회적 구조 속에서 하나님의 말씀(the Word of God)의 성육신이 온 인류에게 영향을 미치는 방식으로 이스라엘의 운명을 수렴할 때, 백성과 땅과 계시의 일원론적 관계는 구체화된 계시에 대한 보다 깊은 이해에서 더욱 분명하게 확인될 것이다.

(4) 하나님의 자기계시는 이스라엘을 통해 하나님에 대한 생각과 말의 영구적인 구조를 인류에 제공했다.

영구적인 구조는 분명 오늘날 사람들이 좋아하는 것이 아니다. 심지어 자신과는 다른 사람들과 그들의 문화에 연결된 영구적인 구조는 말할 것도 없다. 그러나 모든 지식 분야에는 가변적인 요소와 불변적인 요소가 있기 때문에 여기서 우리는 일시적인 사고구조뿐만 아니라 영구적인 사고구조를 고려해야 한다.

사실 성서에서도 시간적 의미만을 갖는 특징이 있는데, 특히 구약의 사고와 언어구조가 그렇다. 그러나 구약성서에서 발견되는 생각과 말의 구조는 신약성서와 그리스도교회 모두에 영구적인 가치를 지니고 있다. 이런 점에서 교회는 선지자들과 사도들의 터 위에 세워지고, 선지자와 사도라는 질서 안에서 구약성서는 신약성서의 범주 안에 놓이게 된다. 비록 이스라엘에서 파생된 계시의 구조가 그리스도 안에서 수용되고 변모되었지만, 구약성서는 신약의 계시가 표현하는 복음에 대한 기본구조를 제공하기 때문이다. 그러므로 우리는 구약성서가 예수를 위한 성서였고 신약성서의 저자들에게 알려진 유일한 성서였다는 사실을 잊어서는 안 된다. 구약을 영구적인 사고구조, 앞서 말한 개념적 도구를 매개하는 성서로 적절하게 이해할 수 있을 때만 우리는 예수를 진정으로 이해하게 될 것이다. 물론 구약성서를 통해 예수의 자기계시가 우리에게 전해지는 과정에서 구약의 영구적인 구조가 새로운 내용으로 채워지고 재형성되어야 하지만 말이다.

이제 구약성서의 영구적인 구조 중에서 하나님의 말씀과 이름, 계시와 자비와 진리와 거룩, 메시아와 구세주, 선지자와 제사장과 왕, 아버지와 아들과 종, 언약과 희생과 용서, 화해와 구속과 속죄, 그리고 예전이나 시편에서 발견되는 예배의 기본 양식을 언급하고자 한다. 사실 그리스도인들이 사용하는 거의 모든 기본 개념은 하나님의 말씀이 이스라엘을 다루었던 구약의 계시 과정에서 생겨났다. 구약성서의 개념들은 심지어 예수 안에서 그리고 예수를 통해 하나님을 아는 지식의 필수적인 구성 요소이다. 만약 하나님의 말씀이 그런 개념들과는 무관하게 성육신했다면 그 말씀은 이해될 수 없었을 것이며 예수는 여전히 당황스러운 신비로 남아 있었을 것이다. 성부에게서 나신 예수는 이스라엘의 태를 통해 오셨고 구약성서의 개념과 언어구조를 통해 전해지셨기에 하나님의 아들이자 구원자로 인식되었으며, 예수의 십자가 처형은 속죄의 희생으로 해석되었다. 하나님은 이스라엘의 역사를 통해 그리고 구원과 예배에서 이루어지는 그분의 관계 안에서 인내하며 자신을 인류에게 전하셨기에 사람들은 예수 안에서 하나님을 알고, 하나님과 친교를 맺으며, 세상에 예수

그리스도의 중재

를 선포할 수 있었다.

나는 예수 안에 있는 하나님의 자기계시와 이스라엘을 통한 하나님의 자기계시 사이에 불가분의 관계가 있다고 믿는다. 그러므로 하나님이 이스라엘을 통해 주신 영구적이고 권위 있는 이해의 구조는 오늘날 그 어느 때보다 더 깊이 숙고하고 재평가해야 한다. 다양한 문화의 틀 안에서 예수를 이해하기 위한 노력들은 마치 예수가 유대인이 아닌 것처럼 그분에 대한 이미지를 변하게 했다. 그래서 지금 우리 안에는 이스라엘 그리고 계시에 관한 이스라엘의 대리적 사명이라는 맥락에서 예수를 분리하는 경향이 존재한다. 물론 예수를 이해하는 과정에서 구약성서의 많은 부분들, 특히 선지자들의 메시지를 고려하지만 이것은 어디까지나 해석하기 편리한 방식에서다.

예를 들어, 우리는 아모스서를 읽고 모두가 아모스의 말과 생각을 사랑한다. 하지만 아모스가 우리가 싫어하는 이스라엘 민족에 속했다고 해서 그의 말과 생각을 이스라엘이라는 맥락에서 분리하면 아모스는 필연적으로 오해된다. 말하자면, 이것은 구약성서나 신약성서에 있는 사고방식을 이스라엘이라는 구체적인 맥락에서 떼어 내어 우리 자신의 문화인 서구문화, 흑인문화, 동양문화에 맞도록 도식화하는 것이다. 그러나 알베르트 슈바이처가 말했듯이 그런 방식으로 예수를 유럽 문화의 상황에서 해석하려 들 때 예수는 필연적으로 은폐된다. 예수를 현대적 사고방식과 연관 지으려는 계속된 시도는 예수를 모호하게 만들었는데, 이는 예수의 얼굴에 씌워진 이방인 모습의 가면이 우리로 하여금 예수를 유대인으로 인식하지 못하고 이해하지 못하도록 가로막기 때문이다. 그리고 이렇게 '양식화된 그리스도' 또는 소위 '역사적 예수'는 결국 유대인들에게도 그들이 고대하는 메시아로 이해되지 않는다.

구약성서가 제시하는 예수를 해석하기 위해 유대인의 도움을 받을 때가 분명 도래했다. 우리는 이방인의 관점, 즉 예수를 이해할 때 사용했던 우리의 문화에 근거한 사고와 해석의 습관 또는 최근까지 우리의 문학과 과학 문화에서 지배적인 역할을 해온 일종의 관찰 이미지로는 볼 수 없었던 것을 볼 수 있게 하는 유대인의 관점이 절실히 필요하다. 학자들이 주장하는 소위 '헬라적' 신학사상 때문에 비교적 후대에 속한다고 알려진 요한복음에서 예수를 해석하려는 시도보다 유대인의 관점이 필요한 곳은 아마도 없을 것이다. 사실 요한복음은 신약에서 가장 '유대적' 성서일 것이다. 실제로 요한복음에서 복음사가는 예수가 사마리아 여인에게 "너희는 알지 못하는 것을 예배하고 우리는 아는 것을 예배하노니 이는 구원이 유대인에게서 난다"(요 4:22)라고 말씀하셨음을 전하

그리스도의 중재

고 있다.

피조물의 형상, 곧 이미지를 하나님께 투영하지 않는 하나님에 대한 사고방식이 우리에게 요구될 때 유대인의 사고방식이 도움이 될 수 있는 중요한 지점을 언급하고자 한다. 이러한 사고방식은 십계명의 제2계명이 선포된 이래로 유대인들의 마음속에 내재된 것으로서 유대인들은 물질적이든 비물질적이든 하나님에 대한 어떤 종류의 형상도 만들어서는 안 되었다. 달리 말하자면, '아버지'나 '아들'과 같은 피조물적 이미지가 하나님께 투사되지 않고 그 이미지가 지닌 성적인 내용이 하나님께 투사되지 않는 하나님에 대한 사고방식이 이스라엘 안에서 계시의 중재를 통해 지속적으로 형성된 것이다. 히브리어는 여성적 감정이 하나님께 적용되는 생생하고도 극적인 이미지로 가득 차 있다. 하지만 그런 이미지와 하나님의 관계는 '이미지화되지 않는 관계'(an imageless relation)이다. 적용된 이미지는 비가시적인 하나님에 대한 이미지화되지 않는 표현에 불과하다.

이와 같은 사고방식의 중요성은 객관적 실재를 다루고 우주 전체를 비추는 보이지 않는 빛의 신호에 대한 정보와 내용을 판독하는, 상대성이론이나 양자이론과 같은 과학적 탐구로의 전환에서 볼 수 있다. 우리가 탐구할 때 사용하는 영어, 독일어, 프랑스어 등의 언어는 모두 관찰 가능한 세계에서 가져온 이미지와 모양으로 가득 차 있기에 우리는 이러한 종류의 언어를 비가시적 시공간, 전자기파 또는 쿼크(quarks, 우주 물질의 기초를 이루는 소립자 중의 하나—옮긴이)의 영역으로 투영하지 않고 사용하는 방법을 배워야 한다. 세상의 모든 관찰 가능한 경험적 구조를 지배하고 그 배후에 있는 '보이지 않는 이해 가능한 구조'의 내부로 침투해야 하는 현대 과학적 탐구에서 유대인 과학자들이 주된 역할을 했다는 사실은 시사하는 바가 크다. 그들은 우리가 유럽의 과학과 철학 전통에서 집착하게 된 현상주의적 표상의 세계를 벗어나 보이지 않는 것을 보이는 것으로 해석하고 본체적인 것을 현상적인 것으로 해석하는 대신, 본질적으로 보이지 않는 것에서 보이는 것을 해석하는 정반대의 관점을 선택하는 데 도움을 주었다.

과학적 사고의 이러한 급진적 변화는 빛처럼 본질적으로 보이지 않으시는 하나님, 그러나 그 빛 안에서 우리로 보게 하시는 하나님에 대해 모든 것에 앞서 관심을 두는 성서학과 신학적 탐구에 유익하고 정화하는 결과를 가져올 것이다. 변화된 과학적 사고는 이스라엘을 통해 하나님이 자신을 알리려고 선택한 방식과는 이질적인 우리의 전제들을 비판적으로 보도록 돕고, 계시의 중재 안에서 하나님이 제공하신 사고 구조의 영구적 가치를 새로운 방식으로 인식하도록 이끈다. 따라서 창조와 구속의 모든 영역에서 하나님을 이해하는 성서적 방식으로 돌아가게 하며, 나아가 우리의 개념적·언어적 이미지의 피조물적 내용을 하나님께 투사하지 않고 성서를 해석하는 방식으로 인도한다.

우리는 지금까지 인류에 대한 계시의 중재 수단으로서 지상의 다른 민족과 분리된 이스라엘과 맺은 하나님의 역사적 동반자 관계와 지속적인 상호작용을 고찰해 왔다. 그리고 은혜와 지혜 안에서 하나님이 자신의 백성에게 자신을 알리시는 길을 택하셨음을 발견했는데, 그 길은 바로 계시였다. 계시는 하나님 편에서 인간을 향할 뿐만 아니라 인간 편에서 하나님을 향하는 양방향 움직임 가운데서 이루어졌다. 하나님은 계시가 인간에게 전달되는 과정에서 개념과 말로 이루어진 인간적 표현을 구성하셨고, 계시에 대한 응답으로서 인간의 이해와 순종 방식을 만드셨다. 즉, 하나님의 계시는 이스라엘 안에서 그리고 이스라엘을 통해 인류에게 점진적으로 전달되었고 참되고 신실한 인간의 응답을 제공했다. 그것은 계시의 부분적인 성취로서 우리를 위해, 우리를 향해, 우리 안에서 이루어진 일이다. 따라서 이스라엘 안에서 구현된 계시와 계시의 중재 과정에서 생겨난 하나님의 말씀(the Word of God)에 대한 이해와 표현의 적합한 구조는 시간적인 가치를 지닌 것이 아니었다. 그러한 구조는 하나님의 감동에 따라 하나님의 말씀의 인간적 형태에 동화되어 말씀의 전달과 이해에 필수적이었기 때문이다.

하나님의 말씀(the Word of God)은 계시의 점진적인 운동을 통해 이스라엘의 삶과 정신과 문학에서 더 완전한 실현과 순종적 표현을 촉구했기에 여호와의 종으로서 계시를 중재하는 이스라엘의 역할은 필연적으로 성육신을 통한 성취를 가리켰다. 마리아의 아들이자 하나님의 아들이신 예수의 탄생에서 그러한 일이 일어났을 때 중재의 모든 역사는 그리스도 안에서 모아지고 완성되었다. 그 과정에서 일시적이고 시간적인 요소들은 사라진 반면, 이스라엘에 대한 하나님의 계시의 기초적이고 영구적인 요소들은 비판적이고 창조적으로 수용되어 인류를 향한 하나님의 완전하고 최종적인 자기계시의 명료한 틀이 되었다.

베들레헴과 나사렛 출신의 유대인으로 성육신하신 예수 그리스도는 이스라엘 안에서 그리고 이스라엘을 통한 하나님의 계시를 중재하는 중재의 중심일 뿐만 아니라, 인간에 대한 하나님의 인격적인 자기계시, 즉 인간 존재의 객관적·주관적 구조 안에서 인류를 위해 단번에 육신이 되신 영원한 하나님의 말씀으로서 세상에 나타나셨다. 이처럼 하나님의 자기계시의 실재와 실체를 구성하는 것은 이스라엘이 아니라 예수 그리스도이다. 그럼에도 불구하고 그리스도는 이스라엘과의 관계에서 분리된 것이 아니라 이스라엘 안에 계신다. 그렇기에 이스라엘은 세상에 대한 하나님의 지식을 중재하는 선택된 하나님의 수단으로서 영원히 계시의 일부가 된다.

이스라엘은 하나님의 계시에서 영구적인 위치를 차지하기에 계시에 대한 구약성서의 중재는 그리스도를 통한 성취의 관점에서 인식되고 이해되어야 한다. 반면에 예수 그리스도는 구약에서 신성하게 준비되고 제공된 선개념의 규범적 틀로부터 하나님의 아들이자 세상의 구주로 인식되고 알려져야 한다. 따라서 예수를 이스라엘과 분리하거나 성육신을 하나님과 이스라엘의 언약적 동반자 관계의 깊은 뿌리에서 분리하는 것은 치명적인 실수이다.

그러나 하나님의 완전하고 최종적인 자기계시로서 예수 그리스도는 그분이 계시하는 신적 자아와 동일한 분으로 우리 앞에 서 계신다. 즉, 예수 그리스도는 이스라엘을 향한 독특한 자기계시를 통해 "나는 네 하나님 여호와니 너는 나 외에 다른 신을 네게 두지 말라. 너는 너를 위하여 새긴 우상을 만들지 말라"(출 20:3-4)고 선포하신 주 하나님과 하나이시다. 그리고 사도 요한에 따르면 예수는 자신의 지상 사역 마지막 시점에서 인류를 위한 하나님의 자기수여의 지고한 행위를 완성하기 위해 십자가로 나아가시면서 전능한 하나님의 '나는'(I am)이라는 그 말씀을 자신의 말로 말씀하셨다. "나는 길이요, 진리요, 생명이다. 나를 거치지 않고서는 아무도 아버지께 갈 수 없다"(요 14:6, 새번역). 예수는 성부가 자신 안에 거하시고 그가 성부 안에 거하시므로 그분을 본 사람은 성부를 본 것이라고 선언하셨다(요 14:9). 성부가 그분의 아들 예수 그리스도 안에서 자신을 계시하신 것은 영원한 하나님의 본질이다. 달리 말해, 성부는 성자 예수 그리스도 안에서 성부로서 자신 안에 존재하는 영원한 하나님을 계시하신다. 성부와 성자는 한 분이며 존재와 행위가 하나이다. 따라서 예수 그리스도 안에서 신성한 계시의 중재와 중재자의 인격은 온전히 일치한다. 하나님은 예수 그리스도 안에서 그분 자신과 동일한 계시를 주셨다. 예수 그리스도는 하나님의 계시이다.

2장

화해의 중재

지난 장에서 우리는 하나님의 자기계시가 이스라엘 백성 안에서 그리고 그들을 통해 인류에게 점진적으로 알려지는 과정과 관련하여 그리스도의 중재에 대해 고찰했으며, 이스라엘이 계시의 언약적 매개로 변화하는 과정에서 겪은 역사적 시련을 살펴보았다. 계시의 중재자로서 하나님의 언약동반자가 된다는 것은 이스라엘에게 고통스러운 경험일 수밖에 없었다. 하나님과의 친밀함은 이스라엘 안에서 하나님과 인간 사이의 잠재된 긴장을 자극하여 심화시켰고, 신성한 진리와 사랑의 순결함은 하나님의 말씀(the Word of God)에 대한 이스라엘의 이질적인 개념들을 끊임없이 제거했기 때문이다. 지금까지 계시를 중심으로 그리스도의 중재에 대해 고찰했지만 계시와 화해는 분명히 서로 연관되어 있다. 따라서 계시의 중재를 이 장의 주제인 화해의 중재와 분리하여 생각하기란 불가능하다. 하나님과 이스라엘의 상호관계 안에서 계시와 화해의 결합은 매우 분명하게 나타나며, 그 상호관계 안에서 하나님과 인간의 깊은 호혜성이 이스라엘 백성의 마음과 예배와 존재 안에 확립되었다.

여기서 우리는 깊이 생각할 가치가 있는 지식의 근본적인 원리를 발견하게 된다. 모든 참된 지식은 탐구자의 마음과 탐구 대상과의 인지적 결합을 수반하며, 이를 방해하거나 왜곡할 수 있는 일체의 단절이나 분리를 배제시킨다. 이것은 단순히 하나님에 대한 지식뿐만 아니라 모든 지식의 영역에 적용되는 원리이다. 나는 도덕적으로 올곧지 않아도 좋은 과학자나 수학자가 될 수 있다고 주장한 적이 있다. 아마도 우리는 도덕적으로 올바르지 않은 과학자나 수학자를 알고 있을 것이고, 그중에 일부는 꽤 부도덕하고 타락한 사람일 수 있다. 몇 년 전, 내가 과학자, 수학자, 신학자들이 모인 자리에서 부도덕한 사람이 좋은 수학자가 될 수는 있지만 좋은 신학자는 될 수 없다고 말했는데, 저명한 수학자인 페르디난트 곤세트 (Ferdinand Gonseth) 교수는 이 말에 반대했다. 그는 좋은 수학자라면 정직과 엄격함에 헌신해야 하며, 이는 수학자의 인격 전체에 영향을 미칠 수밖에 없다고 주장했다. 실제로 그는 수학이 '신성한 마음'을 갖게 한다고 말했다. 이는 파스칼, 클러

그리스도의 중재

크 맥스웰, 아인슈타인과 같은 뛰어난 인물은 말할 것도 없고, 우리가 언급할 수 있는 다른 많은 사람들의 경우에도 분명한 사실이었다.

그럼에도 비인격적이거나 추상적인 진리를 다루는 수학 분야에서 우리의 인격이 상대적으로 영향을 받지 않는 것은 대체로 사실이다. 그러나 상호 변화하는 타인과의 관계에서는 그렇지 않다. 사실상 우리는 우리 자신이 영향을 받는 상호관계, 즉 우정을 맺는 관계로 들어가지 않고는 타인의 실재를 알 수 없다. 어떤 대상을 그것의 본성에 따라서만 알 수 있다는 것이 지식의 기본 원리라면, 우리는 대상의 본성이 그것에 적합한 지식의 방식을 규정하고 우리가 의식적으로 그것에 대해 행동해야 하는 방식을 알려 줄 때만 비로소 그것을 알 수 있다. 그러므로 인격적 존재는 우리에게 인격적 지식과 행동방식, 즉 상호 존중과 신뢰와 사랑을 특징으로 하는 마음의 친교와 교감에서 오는 지식을 요구한다.

이런 점에서 하나님에 대한 우리의 지식은 인격적일 수밖에 없다. 진정으로 하나님이 우리에게 계시하신 그분의 본성에 따라 하나님을 알고자 한다면, 하나님에 대한 지식과 인격적인 관계 안에서 하나님께 순응하는 것이 필요하다. 이런 이유로 하나님에 대한 사랑과 하나님과의 화해는 하나님에 대한 지식에 필수적이다. 하나님에 대한 지식은 인간의 온 존재가 그분의 사랑과 거룩함에 의해 영향을 받는 그분과의 인지적 연합을 필요로 한다. 이런 이유로 신약성서는 마음이 청결한 사람만이 하나님을 볼 수 있다고 증언한다.

하나님이 그분의 본성에 따라 오직 경건한 방식에서만 알려질 수 있다는 것은 그리스도교 신학의 모든 영역, 특히 교부시대에서 발견되는 강조점이다. 예를 들어, 수덕신학(ascetic theology)의 전통에서는 하나님을 합당하게 이해하는 방식을 추구하기 위한 마음과 삶의 영적 훈련을 강조했다. 하나님을 아는 것과 거룩, 하나님을 아는 것과 예배, 하나님을 아는 것과 마음 및 영혼의 정결, 하나님을 아는 것과 봉헌, 사랑과 순종으로 드리는 그분에 대한 헌신은 불가분의 관계이기 때문이다. 즉, 수덕신학은 하나님에 대한 지식과 비전이 거룩한 사랑으로서의 하나님의 본성을 따르는 그분과의 인지적 연합을 포함한다는 사실을 진지하게 받아들였다. 하나님과의 인지적 연합에서 그리스도를 통한 하나님과의 화해와 교제는 성령의 정화하시는 사역 아래 인간의 삶과 사고방식의 갱신과 변화를 일으키며 점진적으로 실현된다. 사람들이 하나님께 더 가까이 다가갈수록 그들의 영적이고 육체적인 존재는 통합되며, 그들의 존재가 통합될수록 그들은 하나님께 합당한 방식 안에서 마음과 존재로 그분에게 더 가까이 다가갈 수 있게 된다.

그리스도의 중재

하나님과 이스라엘의 동반자 관계

앞서 설명한 하나님과의 인지적 연합의 내용은 하나님과 이스라엘과의 동반자 관계에서 일어났던 일과 매우 유사하다. 이스라엘이 고유한 사명을 수행하는 과정에서 계시와 화해가 함께 이루어졌고, 그 과정에서 하나님과의 갈등이 심화되면서 하나님에 대한 순응이 깊어졌다. 하나님과 그분의 백성 사이에 맺어진 언약적 동반자 관계의 기초는 하나님에 의해 분명하게 표현되었다. "내가 거룩하니 너희도 거룩하라."

이스라엘에 대한 하나님의 무조건적인 자기수여는 이스라엘의 무조건적인 응답을 요구했다. 그리하여 이스라엘은 하나님의 '특별한 백성', 즉 하나님이 그분의 특별한 소유로 삼으신 백성이다. 또한 계시와 화해의 구현을 위해 그분의 이름을 새긴 백성으로서 그들의 존재의 근원과 특징에 영향을 미치는 하나님과의 거룩한 관계에 가장 독특하고 특유의 방식으로 연루되었다. 하나님의 거룩한 현존 안에 너무도 친밀하게 사로잡힌 이스라엘은 평범한 민족으로서의 정체성은 상실했지만, 인간의 소외된 존재가 지닌 내재적 갈등을 해소하고 하나님의 평화를 창조세계 전체에 깃들게 하는 하나님과의 화해를 세상 가운데 이루는 수단이 되었다. 이로써 이스라엘은 온 인류를 위한 샬롬의 약속을 품은 백성이 되었다.

이제 이스라엘과 하나님의 관계의 몇 가지 특징에 주의를 기울여 보자. 이는 예수 그리스도 안에서 성취된 화해의 중재에 관한 이스라엘의 신성한 소명을 더 깊이 탐구하는 데 도움이 될 것이다.

(1) 하나님과 이스라엘의 언약은 하나님과 거룩한 백성 사이의 언약이 아니라 정반대의 언약이었다. 그것은 죄가 많고 반역적이며 하나님과 소원한 이스라엘과 하나님 사이에 순전한 은혜로 맺어진 언약이었다. 그러므로 이스라엘이 아무리 패역하고 죄로 물든다고 할지라도 하나님의 언약적 사랑과 신실하심에서 벗어날 수 없었다. 호세아서가 그토록 강조하는 언약의 측면이 바로 이것이다. 이스라엘이 하나님과의 관계를 계속 더럽히더라도 하나님은 이스라엘과 이혼하지 않으실 것이다. 하나님의 변함없는 사랑의 유대가 이스라엘을 하나님과의 관계에 계속 붙들어 두어 마침내 모든 소외를 이기고 화해와 평화를 가져올 것이기 때문이다.

물론 이스라엘의 역사에는 하나님의 변함없는 사랑의 손길로부터, 그리고 '이스라엘의 거룩한 분'과의 관계가 수반하는 고통스러운 존재로서의 변화로부터 벗어나기 위해 하나님의 뜻을 거스른 결정적인 순간들이 있었다. 그러나 분명 이스라엘과의 언약은, 거룩한 백성과 맺은 것이 아니며 언약의 효력도 그들의 신실함에 달려 있지 않았다. 그 언약은 하

그리스도의 중재

나님의 무조건적인 은혜와 하나님이 인류를 위하여 이스라엘을 통해 이루시겠다고 약속하신 화해의 성취에 달려 있는 일방적인 언약이었기 때문이다. 그러므로 언약의 효력은 언약 안에서 하나님 자신이 제공하신 하나님의 사랑에 대한 대리적 응답방식(a vicarious way of response)에 달려 있었다. 대리적 응답방식은 하나님이 속죄제사에서 정하신 방식이며, '주의 종'으로서의 사명을 가진 이스라엘 백성에게서 찾아볼 수 방식이다. 4장에서 이것을 자세히 다룰 것이다. 이를테면 하나님은 이스라엘을 언약적 사랑의 끈으로 묶으시고 그들과의 동반자 관계 안에서 역사를 통해 화해의 길을 걸어가면서 그 끈을 점점 더 단단히 잡아당기셨다. 그 끈이 아주 단단히 묶여서 이미 이사야서의 '종의 노래'에는 '이스라엘의 거룩한 분'과 '주의 종'이 이스라엘의 존재에서 구현된 화해를 통해 밀접하게 만나는 모습이 기록되었는데, 이는 성육신을 암시하는 것이었다.

(2) 우리는 다시 한번 하나님과 이스라엘의 언약적 동반자 관계가 둘 사이의 갈등을 어떻게 심화시켰는지 기억할 필요가 있다. 언약의 끈이 팽팽하게 당겨지지 않았을 때, 말하자면 하나님이 멀리 떨어져 계시는 한 갈등의 정도는 그다지 깊지 않았다. 그러나 하나님이 가까이 다가오실수록 갈등은 고조되었고 이스라엘의 인간적 의지는 그들에게 부여된 신

적 소명에 더욱 거세게 저항했다. 그래서 하나님이 이스라엘 백성에게 자신을 온전히 나타내실수록 하나님으로부터 소외된 타락한 인간성 안에 있는 그들의 진정한 모습, 곧 우리 인간 본연의 모습이 더욱 선명하게 드러났다. 따라서 이스라엘을 향한 하나님의 화해하는 사랑은 이스라엘의 죄를 드러냈을 뿐만 아니라 더욱 심화시키는 신적 운동이었다. 그러나 하나님과 이스라엘 사이의 심화된 갈등은 단순히 언약으로 인한 우연적인 결과가 아니라, 그들을 하나님과의 화해로 이끄시는 하나님의 의도적인 활동으로 보아야 한다. 왜냐하면 인간이 가장 최악인 상태에서, 즉 인간이 하나님을 반역하는 상태에 놓여 있을 때 인간과의 화해를 이루려는 것이 하나님의 뜻이자 은혜의 방식이었기 때문이다. 다시 말해, 하나님은 이스라엘 안에서 그분의 경이로운 지혜와 사랑으로 화해의 방식을 만드셨다. 그러므로 화해는 인간의 가치에 의해 결정되지 않는다. 하나님은 그분에게 반역한 죄를 이스라엘과 자신을 영원히 결속시키는 수단으로 삼으셨고 이를 통해 하나님과 그들과의 관계를 재구성하여 그들의 진정한 목적이 하나님과의 순전한 친교 안에서 완전하고 완벽하게 실현되도록 하셨다.

이것이 바로 성육신을 해석하는 방식이다. 하나님은 예수 안에서 인간에게 친밀히 다가오셨고 인간을 자신에게로 이

그리스도의 중재

끌어 둘이 온전히 하나가 되게 하셨다. 시편 기자들과 선지자들의 영혼을 심히 괴롭혔던 이스라엘 가운데 현존하는 하나님에 대한 의구심, 그분의 가까이 계심과 멀리 계심에 대한 문제는 예수 안에서 해결의 실마리를 찾게 되었다. 천사가 동정녀 마리아에게 전한 대로 우리와 함께하시는 임마누엘 하나님, 즉 성육신한 인격 안에서 하나님이시고 인간이시며, 그분 안에서 그리고 그분을 통해 하나님의 화해가 마침내 성취되는 하나님과 인간 사이의 중재자가 예수 안에서 세상에 오셨다. 유대인으로 나신 예수 안에서 창조주이신 말씀과 피조물인 인간, 언약의 하나님과 언약의 동반자인 인간이 하나가 되었고, 역사 안에서 일어난 하나님과 이스라엘의 상호작용과 둘 사이의 모든 격렬한 갈등은 절정에 이르렀다.

그리하여 베들레헴에서 태어난 그 순간부터 예수의 길은 십자가의 죽음을 향해 곧장 나아갔다. 이것이 성전에서 시므온이 아기 예수를 품에 안았을 때 예언한 내용, 즉 예수와 함께 인간과 하나님 사이의 모순된 상태는 해소되고 그의 어머니의 마음은 칼로 찔릴 것이라는 예언의 요점이다. 따라서 성육신과 함께 하나님과 이스라엘의 갈등은 최고조에 이르고, 이스라엘은 격변을 겪으며 그 존재의 비밀이 드러나게 된다. 이러한 상황은 강렬하고 두려운 것이지만 하나님이 성취하시는 화해의 표면일 뿐이다. 그러므로 지상에서의 모든 삶에 걸쳐 예수가 체현했던 그 두려운 상황과 성육신을 통해 구현된 하나님의 화해하는 사랑은 메시아의 십자가와 부활에서 절정을 향해 나아갔고, 이스라엘과 인류는 그리스도의 몸과 피를 통한 용서와 화해의 새 언약의 틀 안에 놓여졌다.

역사적 관점에서 예수의 십자가 처형은 그분이 민족의 메시아가 되는 것을 거부한 데서 비롯된 사람들의 격분과 관련된다. 따라서 예수와 유대인 사이에 발생한 갈등은 지난 장에서 살펴본 이스라엘의 민족적 열망과 제사장 백성으로서의 소명, 민족적 지향과 하나님의 백성으로서의 운명 사이에 존재하는 갈등의 반복이자 외면화였다. 민족주의자들의 지지를 받았던 유대 당국은 예수에게 이스라엘의 통치를 회복하는 정치적 메시아 역할을 맡기고자 했는데, 이는 예수의 화해와 속죄의 사명과는 상충되는 것이었다. 세상 죄를 지고 가는 하나님의 어린양으로 선포되었던 요한의 세례로부터 시작된 공생애 사역에서 예수는 마귀가 유혹하는 세속적 힘의 사용을 포기하고 '고난받는 종'의 길과 십자가의 길을 선택하셨다.

'메시아'라는 말은 당시 사람들의 마음속에 강력히 자리잡은 정치적 인물과 동일시되어 있었기에 예수는 계시와 화해의 목적을 성취하기 위한 중요한 순간을 제외하고는 그 말을 입에 담지 않으셨다. 사람의 아들로 성육신하신 하나님의 아들 예수는 어둠의 세력을 붙잡고 그것을 물리치기 위해 오

그리스도의 중재

셨지만 사회·정치·경제적 권력구조의 지배를 통해서가 아니라, 하나님과 소외된 인간과 인류를 대표하는 이스라엘의 존재적 깊이 안에서 하나님과 인간 사이의 결코 돌이킬 수 없는 연합과 친교의 유대를 형성함으로써 그분의 사명을 성취하도록 보냄을 받으셨다.

그러므로 예수는 단지 이스라엘의 삶의 표면적인 구조, 인간적·사회적·정치적 구조를 재구성하기 위해 오지 않으셨다. 그분은 악의 세력이 옳고 선한 구조의 옷을 입을 때 가장 치명적이라는 것을 알고 계셨다. 뿌리가 되는 악의 세력을 다루지 않고 구조만 재편하는 것은 악의 세력이 목적을 위해 사용할 새로운 구조를 제공할 뿐이다. 그렇기에 예수는 이스라엘의 깊은 내면에 침투하여 그들과 하나님과의 종교적·역사적 대화를 그분 안으로 수렴하고, 그들과 하나님의 동반자 관계와 그 갈등을 그분 자신의 문제로 만드셨다. 성육신은 바로 이 모든 것의 절정이었다.

이렇게 예수는 하나님에 대한 인간의 적개심 안에 있는 악의 근원을 뒤흔들고 파괴하기 위해 우리에게 오신 것이다. 이제 인류에 대한 하나님의 자기수여적 임재와 사랑의 힘 아래 놓인 악의 세력은 성육신하신 하나님의 아들의 죽음에서 그 실체가 완전히 드러났고, 예수가 치르신 속죄의 희생에서 결정적으로 제거되었다. 그러므로 하나님이 인간 존재와 역사에 뿌리내린 하나님에 대한 적개심과 사회·정치적 구조를 왜곡하는 악의 세력을 만나고, 고난을 겪으며, 마침내 승리하는 방법은 십자가에 달리신 예수의 약함과 그곳에서 성취된 화해를 통해서이다.

물론 이와 같은 이야기는 오늘날의 사람들이 믿고 싶은 것이 아니며, 예수와 동시대의 유대인들이 믿고 싶었던 것도 아니다. 왜냐하면 예수의 십자가는 세상이 그토록 사랑하는 권력구조와 그것이 과시하는 힘을 공허하게 만들기 때문이다. 그렇기에 사람들은 자신의 목적을 위한, 그 목적에 봉사하는 예수를 계속해서 원하고 있고, 그 결과 예수를 또다시 십자가에 못 박고 있다. 이제 솔직히 말해 보자. 예수는 그 당시 정치신학에 의해 십자가 처형을 당하셨다. 그러나 사람들, 심지어 교회 안에 있는 그리스도인들조차 그리스도교적 이상을 실행한다는 명목 아래 인간사회와 국제관계에 필요한 예수로 그분의 역할을 정치화함으로써 예수의 십자가 처형을 반복하고 있지 않은가? 타인에 대한 비인간성의 치명적인 근원과 모든 인간 폭력의 근원은 인간의 악한 마음에서 비롯되기에 치유는 다름 아닌 인간의 내부에서 일어나야 한다. 그래서 하나님은 이스라엘을 그분의 사랑을 중재하는 백성으로 만드셨고, 온유하고 겸손한 성육신과 속죄하는 사역으로써 인간의 마음을 하나님께 열게 하고 인간의 깊은 곳에 화해의 기초를 놓으셨다. 그것은 하나님이 창조세계의 타락과 왜곡을 치유하고 새롭게 하시는 유일한 방법이었다.

(3) 이제 하나님과 이스라엘의 관계를 다시 한번 시작점으로 삼아 조금 다른 각도로 하나님의 화해 방식을 생각해 보자. 이미 살펴본 대로, 이스라엘은 다른 민족들과 분리되어 하나님과 언약적 사랑의 동반자 관계를 맺었고 이는 하나님이 일방적으로 수립하시고 유지하신 독특한 관계였다. 하나님은 이스라엘을 그분과 화해하는 사랑으로 이끌어 그들이 신적 계시와 화해의 지상적 매개이자 중재 수단이 되도록 하셨다. 따라서 이스라엘은 인류를 위한 화해와 구속이라는 언약의 목적을 중재하는 대리적 사명과 기능을 부여받게 되었다. 우리는 하나님이 자기계시의 점진적인 구현과 인류에 대한 신적 계시를 위해 이스라엘의 존재와 삶을 인내심 있게 변화시키는 과정에서 그들과 깊은 갈등을 겪게 되셨음을 기억한다. 하나님의 말씀(the Word of God)은 이스라엘의 역사를 통해 끊임없이 그들의 예배 가운데 살아 계신 하나님에 대한 지식을 불어넣었고 삶의 방식에 신성한 진리를 스며들게 했다. 그 과정은 이스라엘의 순종과 불순종 모두를 불러일으켰다. 하나님은 그분에 대한 지식과 진리를 이스라엘의 존재와 영혼, 이해의 내면에 더욱 깊이 침투하는 도구로 사용함으로써 이스라엘을 말씀의 성육신을 위한 모체로서 준비시키셨다.

이스라엘을 통해 그리고 예수 안에서 성취된 화해

그렇게 이스라엘은 화해의 중재에 참여했다. 이스라엘은 인류를 자신과 화해시키려는 하나님의 사랑의 움직임 속에서 그분의 언약의 표상이 되도록 시공간의 세계에서 부름받았다. 그러나 이로 인해 하나님과 이스라엘 사이에는 격렬한 갈등이 발생했다. 인류를 화해시키는 하나님의 사랑을 중재하는 운명에서 벗어나고자 노력했던 이스라엘과 그들의 소외된 존재 안에서 하나님의 변함없는 사랑을 구현하는 과정은 그들의 반항심을 심화시키고 그 안에 잠재된 하나님과 인간 사이의 갈등을 고조시켰기 때문이다. 그런 상황에서, 이스라엘 안에서 그리고 그들을 통한 인류에 대한 신적 화해의 중재는 오직 하나님과의 갈등의 한가운데서만 이루어질 수 있기에 이스라엘의 뿌리 깊은 인간적 소외는 세상과 자신을 화해시키고자 하시는 하나님의 사랑을 실현하는 바로 그 수단이 될 수 있었다.

이것은 우리가 이해하기 어려운 하나님의 방법 중 하나이다. 그러나 다음과 같이 생각해 보자. 먼저 예수가 수난을 당하시기 직전 예루살렘으로 올라가는 길에서 그분의 왕국에 대해 언급했을 때 야고보와 요한이 예수에게 말한 것에 대한 복음서 기자의 설명을 떠올려 보자. 두 제자는 예수와 함께

그리스도의 중재

앉을 수 있는 특권을 요청하며 한 사람은 예수의 오른편에, 다른 한 사람은 왼편에 앉게 해달라고 했다. 이 장면에서 우리는 다른 제자들은 왕국의 가장 높은 자리를 차지하려는 그들의 이기심에 경악했지만, 예수는 그들이 무엇을 요구하는지 알지 못한다고 말씀하신 것 외에 그들을 꾸짖지 않으셨음을 발견한다. 예수는 야고보와 요한에게 "내가 마시는 잔을 너희가 마실 수 있으며 내가 받는 세례를 너희가 받을 수 있느냐?"고 물으셨고, 그들이 '할 수 있다'고 대답하자 그분이 마시는 잔을 그들이 마시고 그분이 받은 세례를 그들이 받을 것이라고 약속하셨다.

얼마 지나지 않아 예수는 제자들과 유월절 식탁에 둘러앉아 자신의 몸과 피로 죄 사함을 위한 새 언약을 세우셨고, 이를 통해 메시아이신 예수와 제자들의 유대는 잊히지도 끊을 수도 없게 되었다. 그 후 예수는 배신당하셨고 십자가에 못 박히셨다. 제자들은 십자가에 달리신 예수의 무력함을 비웃고 조롱하는 군중들 사이에 서서 그 사건에 완전히 압도당해 당황했다. 예수는 철저히 홀로 남겨지셨다. 제자들은 모두 예수를 버렸고 자신들을 결속시켜 준 예수의 사랑을 배신한 수치심과 공포의 늪에 빠져 예수와 분리되었다. 그러나 이후에 제자들은 주의 만찬과 그분의 몸과 피로 엄숙히 제정된 죄 사함을 위한 새 언약을 기억했다. 성찬을 나누며 새 언약을 제정하실 때 예수는 제자들의 죄를, 심지어 그들의 배신마저 짊어지셨고 그것을 통해 그들을 자신에게 결속시키는 수단으로 사용하셨다. 예수는 제자들이 이것을 기억하기를 바라셨다. 제자들은 그리스도의 수난을, 거룩한 자들을 위한 것이 아니라 죄인들을 위한 것으로 이해하고 받아들였다. 그때 그들의 죄와 배신과 수치와 무가치함은 불가해한 하나님의 사랑 안에서 붙들려 십자가를 지신 메시아, 곧 하나님의 구원과 사랑이신 예수에게 그들을 영원히 묶어 주는 끈으로 변모했다.

이러한 관점에서 우리는 인류와의 화해를 중재하는 하나님의 언약동반자로 선택된 이스라엘과 예수의 관계를 이해해야 한다. 그러나 이스라엘이 또한 메시아를 거부하도록 선택되었다는 사실에 대해 우리는 하나님의 용서하시는 사랑 안에서 두려움과 떨림으로 고백해야 한다. 만일 하나님과 이스라엘의 언약적 동반자 관계가 둘 사이의 갈등을 심화시킬 뿐만 아니라 언약의 성취에서 절정에 이르는 것을 의미한다면, 하나님의 주권 아래 있는 이스라엘은 메시아를 거부할 수밖에 없었을 것이다. 그리고 이것은 오순절에 베드로가 선포한 것처럼 하나님의 의도를 보여 준다. 하나님은 우리의 죄가 그분의 구원하시는 의지를 궁극적으로 거부하는 지점에 이르렀을 때 십자가에서 그것을 다루기로 결심하셨다. 여기서

그리스도의 중재

예수의 십자가에 대한 존 던(John Donne, 1572-1631)의 질문을 떠올려 보자.

> 예수의 십자가는 다른 모든 죄를 짊어졌다.
> 그렇다면 십자가를 경멸하는 죄까지 짊어져야 하는가?*

자신과 상관없는 모든 죄를 짊어지는 것이 바로 십자가의 목적이었다. 실제로 십자가는 그런 역할을 했다. 십자가에서 하나님의 어린양은 세상의 모든 죄와 함께 십자가를 비방하는 죄까지 짊어지셨다. 예수는 속죄와 화해의 사역을 통해 이스라엘의 모든 불순종과 죄책감, 무엇보다도 그분을 배척하고 십자가에 못 박히도록 내어 준 죄를 짊어지고 자신의 것으로 만드셨다. 예수가 그 죄를 짊어지심으로써 화해는 이스라엘의 존재 깊은 곳까지 파고들었고, 이스라엘은 예수 그리스도 안에서 성육신하신 하나님의 화해를 이루는 사랑의 품에 영원히 결속되었다. 이러한 이유로 인류에 대한 화해를 중재하는 이스라엘의 대리적 사명은 그리스도의 죽음과 부활로 끝나지 않고 세상과 하나님과의 화해의 역사 속에서 지금도 필수적인 역할을 담당하고 있다.

---

* *The Crosse*, Nonesuch Edition, London, 1929, p.288.

화해와 관련한 유대인의 지속적인 역할과 그 역할의 낯설고 모순된 특징을 인식하는 일은 이방인인 우리 자신과 이스라엘 모두를 위해 중요하다. 선지자 이사야가 "보지 못하는 이가 누구냐? 내 종이 아니냐?"(사 42:19)고 물으시는 하나님의 음성을 들었던 것처럼, 만일 하나님과의 언약 관계에 있는 유대인이 예수 안에서 메시아의 도래를 보지 못하고 이스라엘이 하나님의 종으로서 계시와 화해를 중재하는 그들의 운명을 완수하는 일에 눈이 멀었다면, 그때 그들의 눈먼 상태는 다름 아닌 인류를 위한 것으로 보아야 한다.

하나님이 부여한 대리적 역할을 통해 인간과 하나님과의 갈등에 휘말린 유대인이 그와 같은 반응을 할 수밖에 없었던 이유는 화해가 우리 모두에게 임하고 인간 존재의 깊은 곳에 뿌리내리도록 그들이 인류를 대신하여 행동하고 하나님의 자기수여에 대한 인류의 거부를 대표하고 있었기 때문이다. 따라서 우리는 유대인과의 모든 관계에서 그들이 우리를 위한 존재이며, 그리스도를 배척한 행위를 포함한 그들의 모든 행위를 통해 이방인인 우리에게도 화해가 임했다는 사실을 인식해야 한다. 그러나 이것은 또한 이스라엘 안에서 그리고 이스라엘을 통해 하나님의 화해하는 사랑의 모든 행위를 자신 안에 모으시고 인류를 위한 속죄의 희생으로 자신을 내어 주신 하나님의 아들의 성육신이신 예수께 비추어 유대인을 바라보아야 한다는 것을 의미한다. 이처럼 유대인에 대한 우리의 감사와 그리스도에 대한 우리의 믿음은 성취된 화해의 중재 안에서 불가분의 관계로 연결되어 있다.

고대 이스라엘의 대속죄일(*Yom Kippur*, Day of Atonement) 예전에서 가장 심오한 희생 개념 중 하나에 비추어 화해의 중재와 관련한 이스라엘과 그리스도의 관계를 생각하는 것은 이해의 측면에서 도움이 될 수 있다. 대속죄일에 대제사장은 이스라엘 회중에게서 염소 두 마리를 가져와 회막 입구에서 속죄제물로 여호와 앞에 드려야 했다. 한 마리는 예배 행위에서 지은 죄를 포함한 백성의 죄를 속죄하는 희생제물로 성소 안 제단 위에서 죽임을 당했고, 다른 염소는 대제사장이 그 머리에 손을 얹고 이스라엘의 모든 불법과 패역한 행위를 고백하여 이스라엘의 모든 죄를 짊어지게 한 뒤 산 채로 황폐한 광야로 보내졌다. 그 후 여러 세대에 걸쳐 이스라엘의 기억에 남아 있었던 이 의식은 죄를 속죄하시는 하나님을 이해하기 위해 두 종류의 희생 모두가 필요하다는 사실을 분명히 보여 주었다.

그러나 성막이나 성전에서의 희생 행위는 그 자체에 불법을 되돌리고 죄를 속죄하는 힘이 있다는 것을 의미하지 않는다. 속죄의 화해 없이는 거룩하고 살아 계신 하나님께 나아갈 수 없음이 분명하지만, 예전에서 신성하게 제정된 희생의 역할은 자기 백성의 죄를 친히 속죄하시겠다는 하나님의 약속을 증거하는 것이었다. 하나님이 이스라엘의 모든 예배의 근간이 되는 언약을 새롭게 하시겠다고 약속하신 대속죄일의 속죄 의식은 지성소의 휘장 뒤에 감추어져 절정에 달했는데, 그 사실은 속죄의 궁극적인 근거와 이유가 침범할 수 없는 하나님의 존재의 신비 속에 깊이 숨겨져 있음을 이스라엘에게 가르쳤다. 그리고 예전에서 제정된 희생과 예물의 다양한 형태는 그 자체로서의 의미를 넘어 하나님만이 그분의 백성을 위해 하실 수 있고 또한 하실 일을 가리키면서 예배자들의 마음에 확고한 무언가를 전달했다. 이러한 방식은 분명 이사야서 53장의 선지자가 그의 마음에 이해한 것, 즉 하나님과 이스라엘 사이에 속죄하는 화해가 주의 종의 삶과 수난 안에서 구현된다는 사실을 전하기 위해 제의적 희생과 대속죄일의 두 가지 희생을 언급한 방식과 동일하다.

그렇다면 대속죄일의 두 가지 희생은 하나님이 예수 그리스도 안에서 제공하시고 구현하신 속죄하는 화해의 중요성을 어떻게 반영할 수 있을까? 성부로부터 보냄을 받으시고 우리의 모든 죄와 불법을 짊어지신 어린양으로서 인류를 대표하시는 예수 그리스도는 단번에 십자가에서 죄의 형벌을 견디며 자신을 희생하셨으나, 마치 부정한 물건처럼 자기 백성에게 버림을 받으셨다. 예수는 요단강에서 인류를 위한 대리적 회개의 세례를 받으셨고 세상의 죄를 짊어지고 가는 하나님의 어린양으로 성별되셨으며, 즉시 성령에 의해 아사셀의 염소(scapegoat)처럼 광야로 내몰려져 죄의 짐을 짊어진 주의 종의 사명을 포기시키려는 어둠의 세력의 유혹을 받으셨다. 예수는 공생애 동안 사람들에게 경멸의 대상이 되셨고, 피하고 멸시하고 거부해야 할 사람으로 취급당하셨다. 예수는 억압과 고통을 받으셨고 불법자의 동류로 여겨져 세상에서 끊어지셨지만, 그분은 우리의 질고를 짊어지고 우리의 허물을 위해 찔림을 당하셨고 우리의 모든 죄를 담당하는 속죄의 희생제물로 자신을 드리셨다. 이렇게 구약의 제의에서 상징되는 두 가지 형태의 희생이 결합되어 그리스도의 수난에서 성취되었다.

그리스도교는 죽임을 당했지만 영원히 승리하여 살아 계신 어린양의 교회로서, 즉 십자가의 부활의 관점으로 역사 속에 기록되었다. 반면, 유대교는 십자가에 못 박히신 예수의 그늘 아래 버림받고 흩어진 희생양의 교회로서, 즉 십자가의 어두운 측면으로 역사에 남았다. 분명 두 교회는 하나님의 속죄하는 화해의 본질을 증거하는 데에 각자 고유한 사명을 가지고 있으며, 상반된 방식으로 알게 모르게 서로를 지탱했다. 그리고 이 둘 모두는 이스라엘의 거룩하신 분과 이스라엘 백성, 인류의 구속자와 모든 인류가 내적으로 결합되어 있는 그리스도와 그분의 대리적 수난을 통해 하나님의 화해하는 사랑의 중재에 참여한다. 그러나 그리스도교에서는 부활하신 그리스도의 승리와 옹호, 즉 완성된 사역으로서의 속죄 개념이 강조되는 반면, 유대교에서는 하나님의 백성의 수치를 계속 짊어지는 주의 종의 당혹스러운 역할, 즉 역사 속으로 신성하게 연장된 속죄 개념이 강조된다. 따라서 두 교회는 각각 다른 방식으로 메시아의 강림을 바라보고 있다.

예수 그리스도의 십자가 사건, 그리고 신학적으로 볼 때 이 사건의 결과로 여겨지는 예루살렘의 멸망과 이방 세계로의 복음의 확장은 하나님을 믿는 백성들 사이에 균열을 초래했고, 2세기 초의 바르 코크바 반란, 그리고 이스라엘 국가 해체 후 하나의 하나님의 교회는 그리스도교회와 유대교회 또는 회당으로 급격히 분열되었다. 그리스도가 오신 이후 하나님 백성의 전체 역사에서 가장 깊은 그 분열의 결과로 그리스도교와 유대교 모두 왜곡을 겪었다. 이전 장에서 우리가 예수 그리스도를 이스라엘에 대한 하나님의 자기계시에서 분리할 때 발생하는 인식적 악영향을 살펴보았다면, 이제는 교회와 이스라엘 사이의 분열이 속죄에 대한 오해를 가져왔다는 사실을 유념해야 한다. 그리스도교 신학의 오랜 역사를 기억해 볼 때, 속죄의 본질을 설명하려는 시도들이 늘 문제가 되었던 까닭은 한 이론이 진리의 기본적인 측면을 일부 담고

그리스도의 중재

있었지만 결국 부적절하다는 것을 입증하기 위해 또 다른 이론이 계속 제기되었기 때문이다. 이런 이유로 우리는 다양한 측면을 일관된 방식으로 통합하여 그리스도의 희생이 이스라엘과 하나님의 특별한 언약 관계를 지속하고 그리스도의 몸으로 세운 새 우주적 언약에 어떤 의미가 있는지 파악하는 데 실패하고 있다.

이스라엘이 온갖 역경에도 불구하고 세계 역사에서 존속해 온 과정과 인류 안에서 이스라엘이 지닌 사명의 지속성, 특히 오늘날 이스라엘이 주의 종의 표상으로서 재등장한 것은 우리에게 시사하는 바가 매우 크다. 유럽의 강제수용소에서 이루어진 참혹했던 홀로코스트, 곧 이스라엘을 마치 인류의 죄를 짊어진 번제물처럼 보이게 만들었던 600만 명의 유대인 대학살은 분명 그리스도인들의 눈을 열어 인류 내 갈등의 어두운 심연에서 하나님의 화해를 중재하는 이스라엘의 대리적 역할에 대해 새로운 인식을 하게 했다.

이제 우리는 이스라엘을 그저 메시아에 대한 불명예를 짊어지고 흩어져 멸시받는 게토에 내던져진 희생양이 아니라, 예수의 십자가 사건 이후 전례 없이 갈보리 고난의 중심부로 이끌려진 민족으로 이해해야 한다. 그리스도교 신앙의 확산 이면에 감춰진 이스라엘의 사명이 수렴되고 있고 그들이 겪은 오랜 고난의 전체 과정이 유의미한 방식으로 통합되고 있다. 이 순간 인류를 향한 하나님의 화해의 뜻 가운데 이스라엘의 대리적 역할은 홀로코스트에 연루된 비열하고 부끄러운 서구 그리스도교를 고발하고, 감춰져 있는 속죄의 중요한 측면을 숙고하도록 우리 마음을 열어 주고 있다.

나는 그리스도인과 유대인이 하나님의 자기계시 앞에서 상대에 대한 통찰을 제공하며 함께 배워야 할 심오한 교훈이 있다고 믿는다. 이제 이와 관련된 내용을 생각해 보자.

중재자의 대리적 삶과 죽음

아마도 우리가 그리스도교회에서 배워야 할 가장 근본적인 진리, 혹은 우리가 그것을 억압해 왔기에 다시 배워야만 하는 진리는 성육신일 것이다. 성육신은 타락하고 부패한 인간성, 곧 하나님의 화해하는 사랑에 대한 적개심과 악의로 가득 찬 인간성 안에 인류를 구원하시기 위해 하나님이 우리에게 찾아오신 사건이다. 다시 말해, 성육신은 우리의 타락한 인간 본성, 죄와 죄책감으로 가득 찬 인간 존재, 창조주로부터 멀어지고 소외되어 마음과 영혼이 병든 인류를 자신의 것으로 삼기 위한 하나님의 오심(the coming of God)이다. 이것은 초기 5세기 동안 초대교회 곳곳에서 발견되는 교리로서, "구원받은 사람은 그리스도에 의해 취함을 받은 사람이다", "취함을 받지 않은 것은 치유되지 않은 것이다", "하나님이 그리스도 안에서 취하지 않은 것은 구원되지 않는다"와 같은 고백으로 반복해서 표현되었다. 이와 같은 진리의 요점은 인류를 구원하고 인간 존재의 가장 깊은 중심에서 화해를 이루기 위해 하나님이 인간의 소외된 마음을 예수 그리스도 안에서 그분 자신의 것으로 삼으셨다는 사실에 근거를 두고 있다.

성육신에 대한 고백은 그리스도교 신학 초기부터 바울이 강조했던 부분이다. 바울에게 하나님의 구원과 화해는 하나님과 소외되고 원수 되어 하나님의 진리를 거짓으로 바꾸어 버린 타락하고 부패한 육적·영적 본성을 지닌 인간 존재와 관련되어 있다. 따라서 성육신은 하나님의 아들이 인간의 죄악된 본성의 구체적인 모습 속으로 들어오신 사건으로, 인간을 부패하고 원수 된 마음에서 구속하기 위해 바로 그 인간의 본성 안에서 죄를 심판하시는 속죄의 희생제물로 이해되었다. 또한 바울은 하나님의 성육신적 행위로 인해 우리의 타락한 인간 본성이 예수 그리스도 안에서 정화되고 거룩하게 되었다고 가르쳤다.

초대교회 역사에서 성육신 교리는 주로 그리스 교부들에 의해 받아들여졌다. 그러나 4세기에 들어서면서 그리스도가 인간의 부패한 마음을 포함한 타락한 인간성을 그 내면에서부터 구원하기 위해 자신의 것으로 취하셨다는 생각에 대한 반발이 일어났다. 특히 5세기부터 라틴 신학에서는 거룩하신 성자가 취하신 것이 소외되고 타락하고 죄 된 우리의 인간성이라는 사실에 대한 거부감이 점차 커지면서 예수의 인간성이 성모 마리아에게서 물려받은 완전한 원형적 상태의 인간성이라는 생각이 확산되었다. 결국 '원죄 없는 잉태'(immaculate conception)라는 낯선 개념이 로마 가톨릭 신학에서 생겨났고, 이는 라틴 교회와 그리스 교회를 갈라놓았다. 흥미롭게도 서구의 그리스도교 신학, 특히 소위 '개신교 정통주의' 신학이 원죄 없는 잉태 개념을 수용하지 않았음에도 불구하고, 성서의 축자영감에 대한 근본주의적 개념을 제외하고는 대체로 로마 가톨릭교회의 노선을 따라왔다는 것은 오늘날의 시각에서 볼 때 이상한 일이다.

만일 성육신이 하나님의 아들이 우리의 소외되고 타락한 죄 된 인간 본성에 침투하여 그것을 전유하셨다는 의미가 아니라면, 속죄와 거룩한 화해는 예수 그리스도와 죄인 사이의 외적 관계의 차원에서만 이해될 수 있다. 그렇기에 서구 그리스도교에서 속죄는 죄에 대한 형벌이 죄인으로부터 죄를 대신 지는 자에게로 전가되는 사법적 거래로서, 사실상 외적인 법정적 관계의 관점에서 해석되는 경향이 있다. 그러나 성서와 초기 교부 전통에서 보았듯이 성육신과 속죄는 내적으로 연결되어 있다. 속죄는 성자가 마리아의 아들로서 침투하신 인간의 존재론적 깊이에서 이루어지기 때문이다. 마태복음에 기록된 예수의 족보는 예수가 죄인들의 계보에 포함되었음을 보여 주지만, 우리가 보았듯이 예수는 죄인을 용서하고 치유하며 거룩하게 하기 위해 타락한 인간성을 그분 자신의 것으로 만드셨고 죄 된 인류의 혈통을 그분 안에 모으셨다. 그리하여 속죄하는 화해는 동정녀 마리아가 예수를 잉태하고 출산했을 때, 즉 예수가 타락하고 소외된 인류와 자신을 동일시하셨을 때 구현되기 시작했다.

그리고 속죄하는 화해는 분명 순종하는 주의 종으로서 예수가 그분의 죄 없는 삶의 전 과정을 통해 성취하신 사역이다. 예수는 그분의 성육신적 삶의 전 과정에서 하나님의 거룩한 사랑의 궁극적인 심판과 하나님의 치유와 구속의 능력을, 우리에게서 취하신 타락한 인간성에 가지고 오셨다. 탄생으로부터 죽음과 부활에 이르기까지 예수는 성부의 성육신하신 아들로서 그분이 취하신 우리의 인간성을 자신의 거룩을 통해 대리적으로 거룩하게 하셨고, 그분이 우리를 위해 사셨던 거룩한 삶과 성부 앞에 속죄와 화해의 희생으로 자신을 내어 드린 그분의 거룩한 죽음 모두에서 인간 본성에 대한 하나님의 심판을 불러오셨다. 성육신적 삶과 죽음을 통한 예수의 대리적 활동은 속죄와 화해의 성취를 이루었으며, 하나님의 사랑하는 아들 예수의 부활과 부활하신 예수 안에서의 새로운 인류의 탄생으로 성부의 완전한 인정을 받았다.

예수의 이러한 대리적 삶과 죽음, 부활의 구속적이고 새롭게 하는 측면은 다음 장에서 더 자세히 살펴볼 것이다. 특히 하나님과 이스라엘, 그리고 하나님과 이스라엘로 대표되는 인류 사이의 언약적 동반자 관계를 예수가 어떻게 성육신하신 아들로서 성부에 대한 자신의 관계로 끌어들이고 중재자이신 자신의 인격 안에 영원히 고착되게 하셨는지와 관련하여 들여다볼 것이다.

그러나 지금 이 시점에서의 관심사는 성자가 성육신을 통해 하나님의 심판 아래 놓인 우리의 타락한 인간성을 그분 자신의 것이 되게 하셨다는 경이로운 진리를 회복하는 데 있다. 나는 우리가 예수와 유대인의 관계, 그리스도교화된 유럽에서 여러 세대에 걸쳐 축적된 적대감과 반유대주의로 인해 가장 끔찍한 방식의 고통을 겪었던 홀로코스트의 유대인들과 예수와의 관계를 오늘날 더 깊이 이해할 때 하나님이 그 진리를 회복시켜 주시리라 믿는다. 우리는 인간의 마음속에 있는 깊이 모를 악함이 복음에 의해 종국을 맞이하기 전에, 십자가가 예수 안에서 완전하고 변함없이 세워진 하나님과 이스라엘의 유대를 통해 인류의 모든 가증한 악을 스스로 짊어지신 전능하신 하나님의 행위라는 것을 이해해야 한다. 이

그리스도의 중재

러한 하나님의 행위는 일종의 외적 거래가 아닌 왜곡된 인간 존재의 심연으로 들어와 그곳으로부터 인간의 죄악을 다룬 내적 행위이다.

이제 우리는 이러한 사실을 예수가 배신당하시던 날 밤에 제자들에게 보여 주신 한 가지 사실과 결부해서 생각해야 한다. 그 밤 예수는 제자들의 두렵고 부끄러운 죄가 그들을 자신에게서 분리시키는 것을 허락하지 않으셨다. 오히려 예수는 십자가의 속죄하는 희생에서 그들을 자신과 돌이킬 수 없는 유대로 묶기 위한 수단으로서 그들의 죄를 붙잡으셨다.

예수가 제자들의 죄를 자신과의 유대를 위한 수단으로 붙잡으셨다면 우리는 홀로코스트에서 일어난 인류의 셀 수 없는 범죄와 하나님을 대적했던 이스라엘의 죄악을 같은 방식으로 이해할 수밖에 없다. 하나님은 인간의 죄악이 하나님과 인류의 관계를 깨뜨리도록 허용하지 않으셨으며 헤아릴 수 없는 사랑으로 죄 많은 우리를 붙잡으셨다. 하나님은 십자가의 수난에서 우리 죄를 껴안으셨고 십자가의 속죄 희생을 통해 예수 안에서 인류와 영원히 맺은 연합의 유대를 위한 수단으로 그 죄를 사용하셨다. 이와 마찬가지로 하나님의 사랑의 품에 안겨진 홀로코스트는 인류에 대한 하나님의 화해를 중재하는 사명 안에서 그리스도인과 유대인을 서로 화해하게 하는 수단이 될 수 있다. 그러나 이러한 일이 일어나려면 지금까지 생각하지 못했던 방식으로 서로를 도와야 한다.

엘리, 엘리, 라마 사박다니?

우리는 의심할 여지 없이 그리스도교회와 이스라엘 백성의 관계에 대한 전통적인 견해를 재고해야 할 상황에 처해 있다. 또한 이방인의 관점에서 왜곡하지 않고 복음서에 기록된 예수의 모습을 보다 충실하게 해석하기 위한 방식을 유대인들로부터 그리고 유대인들과 함께 배우고 있다. 그러나 속죄의 화해에서 하나님이 우리를 그분과 분리하는 죄를 스스로 짊어지시고 그것을 하나님과 우리를 묶는 사랑의 도구로 삼으신다는 그리스도교의 가르침을 홀로코스트에 적용할 때, 유대인들은 어떻게 반응할까? 실제로 우리의 형제인 유대인들은 강제수용소에서 일어난 일들로 인해 완전히 당황했고 망연자실했다. 그곳에서 그들은 하나님에 의한 '버림받음'을 경험했으며 설명할 수 없는 어두운 공포에 압도당했다.

몇 년 전, 갈릴리의 한 키부츠를 방문했을 때 내가 만난 유대 그리스도교인 부부는 그들이 그곳에 남아 있는 유일한 신자이고 그곳의 다른 사람들은 모두 불가지론자나 무신론자라고 말했다. 왜 그들에게 신앙이 없는지 물었더니, 그들

그리스도의 중재

은 모두 강제수용소에서 나온 사람들이거나 그 사람들의 자녀들로서 고통의 순간에 하나님이 자신들을 버렸기에 자신들도 하나님을 버린 것이라는 그들의 대답을 들려주었다. 그 말을 들었을 때 나는 십자가에 달리신 예수의 절규가 그들을 위한 외침이라고 느꼈다. "엘리, 엘리, 라마 사박다니. 나의 하나님, 나의 하나님, 왜 나를 버리셨습니까?" 그것은 시편 22편에서 예수가 인용해 온 것으로서 하나님께 완전히 버림받은 인간의 절규였고 절망적인 외침이었으며, 결국 예수가 어둠의 궁극적인 공포, 곧 죄 많은 인간을 하나님으로부터 분리시키는 심연으로 들어가셨음을 드러냈다.

그러나 예수는 인류가 하나님의 최후 심판을 마주하는 바로 그 심연 속에서 버림당함과 허무에 대한 인간의 무신론적 외침을 헌신과 신뢰의 기도로 바꾸어 놓으셨다. "아버지여, 내 영혼을 아버지 손에 부탁하나이다"(눅 23:46). 예수가 우리의 죄를 위해 고난을 받으시고 찔리셨던 그 '어둠의 때와 어둠의 권세' 속에서도 아버지와 아들은 하나이시며 분리되지 않으셨고 서로 안에 거하셨다. 예수 안에서 하나님은 우리의 소외되고 적대적인 인간 존재의 가장 깊은 곳, 곧 우리의 불경건함과 절망으로 가득 찬 지옥과 같은 그곳으로 내려오셔서 우리를 붙잡으셨고, 우리의 저주받은 상태를 짊어지셨으며, 화해의 사랑으로 우리를 영원히 품어 주셨다. 하나님은 예수 안에서 성육신하신 자신의 존재를 악의 세력의 모든 공격에 맞서는 구원과 평화의 불변하는 근거로 삼아 경이로운 방식으로 인류의 구원을 이루셨다.

1997년 스코틀랜드 교회 총회장 자격으로 이스라엘을 방문했을 때, 갈보리의 표현할 수 없는 참혹함과 그 안에 담긴 하나님의 사랑에 대한 경이로움이 그 어느 때보다 내게 절실히 다가왔다. 예루살렘 종교부의 몇몇 직원들은 나를 홀로코스트 기념관인 야드 바셈으로 데려가 전시품들을 설명해 주었는데, 이보다 더 친절하고 도움이 될 수는 없었다. 그곳에서 이스라엘의 형언하기 어려운 고통과 그것을 초래한 인류의 사악함을 담아낸 생생하고 적나라한 사진과 문서를 보는 순간, 나는 산산이 부서지는 경험을 했다. 내 영혼은 공포와 떨림에 압도당했고, 말문이 막혀 입을 열 수 없었다.

기념관 밖에서 종교부 직원들과 그 일에 대해 대화를 하던 중, 나는 그들이 만군의 여호와가 이스라엘 한가운데 계신다고 느꼈을 6일 전쟁(the Six Day's War, 3차 중동 전쟁—옮긴이) 동안 열렬이 믿었던 하나님을 홀로코스트의 불길 속에서 무자비하게 죽어 간 사람들의 하나님과 어떻게 연관 지을 수 있는지 조심스럽게 물었다. 그들은 한참을 말없이 고민했고 이후 내게 그것을 어떻게 생각하는지 되물었다. 그때 나는 기념관 입구 근처에 세워진 기념비 위에 "너는 피투성이라도 살

그리스도의 중재

아 있으라"는 히브리어로 새겨진 청동 비문을 가리켰다. 에스겔서 16장에 기록된 이 구절은 할례를 행할 때마다 이스라엘이 여러 세대를 걸쳐 인용해 왔다. 그들의 질문에 나는 이렇게 대답했다. "홀로코스트에서 흘려진 피는 언약의 피입니다. 따라서 우리는 이것을 하나님에 의해 이스라엘 대대에 새겨진 언약의 관점으로 이해해야 합니다." 나는 이스라엘과 언약 관계를 맺으신 하나님이 자기 백성의 고난을 함께 당하시고 홀로코스트의 참혹함 앞에서 자신을 숨기지 않으시는 분으로서 그들의 고통 한가운데에 서 계신다는 의미로 그 구절을 풀이했다. 또한 수 세기에 걸쳐 이스라엘의 존재에 끊임없이 깊게 파고든 하나님과의 언약은 이스라엘에게 특유의 역할, 곧 살아 계신 하나님을 인류에 계시하는 대리적 역할을 부여했다고 설명해 주었다.

정확하게 기억나지는 않지만 나는 계속해서 다음과 같이 말했다. "그리스도인으로서 말하자면, 궁극적으로 이 참담한 곤경에 대한 유일한 해답은 예수의 십자가일 것입니다. 십자가는 하나님이 우리의 악하고 가증스러운 비인간성, 그리고 폭력과 죄와 죄책감으로부터 우리를 외면하지 않으셨다는 사실을 말해 줍니다. 하나님은 인류를 용서하시고 구속하시며 치유하시기 위해 인간의 씻을 수 없는 상처와 고통과 수치의 한가운데로 오셔서 그 모든 것을 자신의 것으로 삼으셨고, 마침내 십자가에서의 속죄의 희생으로 우리의 죄를 하나님과 우리를 영원히 묶는 유대의 끈으로 바꾸셨습니다."

그들은 아무 말도 하지 않았다. 그러나 나는 내가 말하고자 한 것을 그들이 이해하며 조용히 고개를 끄덕이는 모습에서 우리가 하나님의 사랑 안에서 깊은 친교를 나누었고, 예수 그리스도의 나라가 멀지 않았음을 알 수 있었다.

그리스도 안에서 이루어지는 서로의 화해

이틀 후에 나와 아내는 예루살렘 시장이 보낸 안내인의 인도에 따라 전에 방문했던 예루살렘의 구시가지를 둘러보게 되었고 그곳에서 잊지 못할 경험을 했다. 그는 이스라엘 고고학자들이 예루살렘의 하부 구조물들을 발굴하는 현장을 보여 주었고, 지금은 누구나 접근할 수 있도록 개방된 성지들로 데려가 그곳들을 안내해 주었다. 그런 다음 마지막으로 성묘교회와 예수의 십자가 사건이 발생했던 갈보리로 우리를 데려갔다. 그곳에서 아내와 나는 다른 순례자들과 함께 침묵과 경외심, 기도를 담아 무릎을 꿇었고 그는 조금 뒤에서 우리를 기다렸다. 성묘교회를 떠나면서 그는 나를 한쪽으로 불러 세우더니 그리스도인들이 왜 이곳에서 서로 분열하는지 도무

그리스도의 중재

지 이해할 수 없다고 말했다. 그의 말에 나는 몹시 부끄러워 어쩔 줄 몰라 하며 말없이 그저 서 있었다. 교회의 분열이 그리스도의 보혈에 대한 끔찍한 신성모독이라는 사실을 그토록 절실하게 깨달은 적은 없었던 것 같다. 실제로 성묘교회에서의 분열은 매우 충격적이었다. 그곳에서 사역하는 성직자들은 그리스인이든 라틴인이든, 아르메니아인이든 에티오피아인이든 모두 특권과 권위의 문제를 놓고 서로 경쟁하며 다투었고, 결과적으로 성묘교회의 소유권은 무슬림에게 돌아갔다. 이러한 상황은 그리스도인들의 분열로 인해 그리스도의 몸인 교회에 남은 깊은 상처를 여실히 보여 준다.

하나님은 안내인으로 하여금 유대인을 통해 곳곳에서 분명하게 전달되는 우리 그리스도인들을 향한 이야기를 내게 들려주셨다. 만일 그리스도인들이 서로 화해하기를 거부하거나, 구주의 몸과 피를 통한 화해가 교회의 분열 속으로 흘러 들어가는 것을 방해하여 그리스도의 화해와 모순될 때, 우리는 그리스도의 십자가를 통한 속죄의 화해를 선포한다고 주장할 수 있을까? 그리고 우리의 행동이 우리의 말과 반대라면, 이런 상황에서 우리는 유대인들에게 화해의 중재자이신 예수 그리스도를 어떻게 증거할 수 있을까? 나는 하나님으로부터 인류에 대한 화해를 중재하는 대리적 역할을 부여받은 유대인 없이, 그리고 예수 그리스도에 대한 바른 이해에 대한 실마리를 제공하는 그들의 도움 없이 그리스도인들의 화해가 가능한지에 대해 의구심을 품으며 성묘교회를 빠져 나왔다. 세상이 화해하기 위해서는 유대인과 그리스도인이 메시아 안에서 하나가 되어야 하는 것이 분명하다. 바울이 말한 대로, 하나님의 화해의 충만함은 유대인과 그리스도인이 예수 그리스도 안에서 다시 하나가 될 때에만 우리에게 주어지고 모든 인류에게 전달될 수 있다. 인간의 가장 깊은 분열이 성부 하나님과 그리스도의 한 백성의 모임에서 치유될 때에만 인간의 분노마저 찬미로 바꾸시는 하나님의 속죄하는 사랑의 복음이 모든 민족과 나라에 선포되고 믿어지며 뿌리내릴 수 있을 것이다.

그러므로 하나님은 오늘날 우리에게 1세기 이후 그 어느 때보다도 다음의 사실을 분명하게 말씀하고 계시다. 이스라엘은 하나님의 은혜의 목적 가운데 화해를 중재하는 필수적인 역할을 유지하고 있으며, 그리스도교회가 모든 피조물을 향한 하나님의 사랑을 중재하는 사명 안에서 이스라엘과 하나 되지 않는 한 그리스도 안에서 구현된 하나님과 세상의 화해를 선포하는 사명을 완수할 수 없을 것이다. 이것이 바로 예수 그리스도 안에서 화해의 중재가 충만하다는 의미이다.

3장

중재자의 인격

1장에서 나는 분석적 사고의 전통에서 비롯된 이분법적 사고방식이 탐구 분야에서 사물에 대한 우리의 이해와 설명을 방해하고 왜곡할 때 발생하는 문제점을 언급했다. 우리가 사물을 이분법적 사고 아래 탐구할 때 사물은 그것이 속해 있는 관계로부터 고립되고, 사물의 외적 양식은 그것이 내재된 근거로부터 추상화되며, 사물의 현상적 표면은 그것을 결합하는 객관적 틀에서 분리된다. 그리하여 사물은 인간의 탐구 분야에서 통합되지 못하고 분열된다. 사물에 대한 분리적 사고방식이 초래하는 문제점을 다루고 나서 나는 이런 종류의 사고방식이 그리스도와 그분의 복음을 이해하는 데 끼치는 악영향을 지적했다. 이분법적 사고방식은 하나님이 택하신 백성인 이스라엘과 맺은 언약 관계의 맥락에서 그리스도를 분리하고, 하나님으로부터 그리스도를 분리시키며, 나아가 그리스도에게서 복음을 분리할 뿐만 아니라 그리스도교를 그리스도의 인격과 사역에서 분리하는 결과를 가져온다. 이런 이유에서 나는 분리적 관점이 아닌 사물이 존재하는 실제 관계, 곧 사물이 실제로 존재하는 것과 관련된 관계의 관점에서 사물을 고찰하는 것이 사물에 대한 올바른 접근 방식이라고 제안했다. 사물의 존재와 관련된 관계를, 나는 존재를 구성하는 관계 또는 '존재-관계'(onto-relations)라고 부른다. 존재-관계는 사물의 내적 관계를 조사하는 일종의 탐구로 이어지고 사물의 고유한 구성이나 구조를 우리에게 드러낸다. 이로 인해 우리는 사물에 대한 해석과 설명을 좌우하는 본질적인 의미 또는 로고스에 비추어 사물을 이해할 수 있게 된다.

이 과정을 입자물리학을 통해 설명해 보겠다. 고전물리학은 자연을 무한히 많은 작은 개체나 입자로 나누었으며, 우주의 궁극적인 구성 요소인 원자는 더 이상 나눌 수 없다고 생각했다. 우리가 입자의 외적 관계, 즉 인과적으로 결정된 상호연결을 통해 입자를 이해하고자 노력했을 때, 이러한 접근 방식은 큰 틀에서 사물의 현상적 구조를 엄격한 수학적 형태로 표현하는 데 분명 큰 성공을 거두었다. 하지만 결과적으로 우주에 대한 결정론적이고 기계론적인 개념을 만들어 냈다. 이는 인류의 사고에 치명적인 영향을 주었다. 사물과 사건의 자연스럽고 역동적인 결합에서 분리되어 자연에 엄격한 인과론적 구조를 도입하는 이러한 사고방식은 철저하게 이분법적 사고방식을 서구 문화 전체에 물들게 했고, 다원주의 사회와 예술로 특징되는 형식의 광범위한 붕괴와 해체를 불러왔다. 그러나 이제 우리는 입자가 동적인 힘의 장(fields of force)에서 지속적으로 서로 연결되어 있고, 그와 같은 입자 간의 상호관계가 입자의 실제 모습의 일부라고 생각하게 되었다. 따라서 우리는 입자를 분리된 실체가 아닌 전자기파의 작은 소용돌이(와류)와 같은 에너지의 응집체나 불가분한 힘의 장에서 물질과 에너지가 시공간적으로 수렴하는 지점으로 해석한다. 물질과 에너지는 궁극적으로 동일시되어야 하지만 시공간 속에서 위치 및/또는 운동량(momentum)이라는 측면으로 우리의 '관찰'에 스스로를 입자로 나타낸다. 다시 말해, 우리는 기본 입자를 우주의 시공간의 구성 속에서 존재-관계적 구조의 관점으로 생각하게 된 것이다.

이제 존재-관계적 구조의 관점에서 사고하는 방식이 그리스도교 신학, 구체적으로 그리스도론과 삼위일체론에서 처음으로 발전했다는 사실에 주목할 필요가 있다. 존재-관계적 사고방식은 그리스도교 이전에는 존재하지 않았던 '인격 개념'(the concept of person)의 등장에서 매우 분명하게 드러난다. 인격 개념은 교회가 삼위일체 하나님 안의 구별된 관계들과 예수 그리스도를 본질상 인격적으로 이해했을 때 생겨난 직접적인 산물이었다. 따라서 하나님을 지고한 인격으로, 인간을 신적 인격에 종속된 인격으로 이해하는 인격 개념이 생겨났고, 이에 따라 인격 간의 관계는 인격의 실제 존재와 분리될 수 없는 것으로 이해되었다. 즉, 인격들이 인격으로서 맺는 상호관계는 인격을 구성하는 관계이기 때문에 존재-관계이다. 이와 같은 인격 개념은 사랑의 친교로서의 성삼위일체를 이해하는 과정에서 사랑을 통해 발전된 개념이자 사고방식이었다. 사랑의 친교 안에서 성부, 성자, 성령의 위격적·속성적 구별은 흐려지지 않기 때문에 세 신적 위격들은 하나의 신적 존재의 구별되지 않는 양태적 측면(modal aspects)으로 환원되지 않으며, 오히려 깊은 친교의 존재-관계에서 상호참여하시고 상호내주하신다.

맥스웰*이 물리적 우주가 지닌 구조에 대한 과학의 개념에 결정적인 변화를 일으키는 데 주목한 것이 이러한 존재-관계적 사고방식이었다는 점은 매우 중요한 의미가 있다. 맥스웰은 성육신의 관점과 인격 개념에서 파악한 하나님의 창조 활동의 본질에 관한 그의 그리스도교 신념을 따라 존재를 구성하는 관계에 대한 이해를 전자기장의 동역학 이론을 만드는 과정에서 활용했고, 이로써 전자기장에 대한 기계적 설명을 거부하고 자연에 대한 기계론적이고 결정론적인 뉴턴의 전통에서 벗어났다. 이를 바탕으로 맥스웰은 전기, 자기, 빛에 대한 이해를 통합했고, 그는 맥스웰 방정식을 통해 전자기장의 독립적인 실체를 규명했다. 아인슈타인은 맥스웰의 과학적 탐구와 발견으로부터 상대성이론을 처음으로 구체화하여 현대 물리학에 위대한 혁명을 가져올 수 있었다. 이렇게 현대 과학에서 회복된 관계적 사고방식을 말할 때, 나는 맥스웰에서 아인슈타인에 이르는 과학의 발전과정을 언급한다. 그리고 과학에서의 관계적 사고방식이 우리와 무관하거나 생소한 것이라고 생각해서는 안 되는 이유는, 이와 같은 사고방식이 그리스도교 신학의 역사에 오랜 뿌리를 두고 있기 때문이다.

우리가 존재-관계적 사고방식을 따라 탐구 방법을 발전

* 맥스웰은 《전자기장의 동역학 이론》(*A Dynamical Theory of the Electromagnetic Field*, 1865)에서 빛 이론과 추진력 이론을 결합했다. 맥스웰의 연속적인 동역학장에 대한 개념에 대해 아인슈타인은 과학의 합리적 구조 면에서 가장 큰 변화라고 평가했다. 토렌스는 이러한 변화 이면에 삼위일체 교리에서 표현되는 존재-관계 개념이 있다고 설명한다. 맥스웰은 삼위일체에 대한 그의 통찰로부터 세 신적 위격들 간의 존재-관계 개념을 물리학에 적용하였고, 이로써 자기장 안에 존재하는 빛 입자들 사이의 동적 관계를 비역학적·비기계적·비논리적 방식으로 사고하는 방법을 보여 주었다. 이는 신학이 자연과학에 어떤 방식으로 접근할 수 있는지와 함께 자연과학이 신학에 어떤 인식론적 접근을 할 수 있는지를 보여 준 것이다. 맥스웰의 자연과학적 생각과 그리스도교 신학에 대한 신념이 어떻게 상호작용을 했는지에 대해 좀 더 자세히 알기 위해서는 다음을 참고하라. Thomas F. Torrance, *Transformation and Convergence in the Frame of Knowledge* (Eugene, Oregon: Wipf & Stock Publishers, 1998), 215-242.

시키고, 이러한 사고방식을 예수 그리스도와 그분의 중재 사역에 대한 이해와 해석에 적용할 때, 이것은 인류에게 계시와 화해를 중재하는 목적을 성취하기 위해 하나님이 이스라엘과 상호작용하셨던 그 역동적인 현장 안에서 생각될 수밖에 없다. 예수 그리스도가 실제로 우리에게 제시된 곳이 바로 그 현장이기 때문이다. 앞의 두 장에서 이미 이러한 내용을 다루었으며 이제 우리는 계시된 그분의 내적 관계의 측면에서, 즉 그분 자신의 내재적 의미 또는 로고스의 관점에서 예수 그리스도를 숙고해야 한다. 따라서 예수 그리스도가 성부 하나님과의 내적 관계에서, 그리고 중재자로서 성육신하신 그분의 인격의 본질 안에서 우리에게 주신 지식을 통해 예수 그리스도의 존재와 사역을 생각하게 될 것이다.

그리스도와 성부의 내적 관계

사물에 대한 지식을 그것의 내적 관계에 비추어 얻는다는 말의 의미를 이해하기 위해, 이번에는 원자물리학과 관련된 과학 지식에서의 변화 과정을 되돌아보자. 고전 과학에서 원자의 존재는 가정되었다. 누구도 원자를 본 적이 없지만, 원자의 존재를 당연한 것으로 받아들였다. 그리고 고전물리학의 성공은 그것을 정당화했다. 그러나 자연에 대한 과학적 지식은 관찰과 관찰로부터의 추론을 통해서만 얻을 수 있고, 그 추론은 다시 경험적으로 관찰된 실재와의 상관관계를 통해 검증되어야 한다는 점이 강조될수록 원자가 실제로 존재하는지에 대한 의문은 더욱 커질 수밖에 없었다. 이후 자연에서 관찰할 수 없는 관계에 대해 회의적인 의문을 제기한 데이비드 흄(David Hume)의 집요한 물음과 사물 그 자체(물자체)나 내부 관계가 아닌 사물이 우리에게 보이는 것(현상)만을 안다는 칸트의 견해 아래, 이 문제는 19세기 말 저명한 두 과학자의 공개 토론에서 정점에 달했다.

에른스트 마흐(Ernst Mach)는 원자는 단순히 관찰상의 착상들을 편리하게 배열하는 데 필요한 '정신적 인공물' 또는 '과학적 허구'에 불과하다고 주장했는데, 이는 그의 협약주의적이고 실증주의적인 과학 개념과 일치하는 것이었다. 반면에 양자이론의 창시자 중 한 명인 막스 플랑크(Max Planck)는 원자가 '실재한다'고 주장했는데, 이는 원자의 절대 크기를 결정할 수 있는 복사법칙(a law of radiation)을 공식화하고 에너지가 보편상수 h에 의해 지배되는 원자구조를 가지고 있다는 사실을 발견함으로써 입증되었다. 그리고 얼마 지나지 않아 물리학자들은 원자를 분석하는 데 성공했고, 원자의 본질적인 연결과 핵 구조에 대한 지식은 경험적·이론적으로 계속 발전했다. 이에 따라 물리학은 외형에 대한 지식에 국한된 관찰주의적 접근방법을 버리고 사물의 내적 관계와 구조를 밝힘으로써 사물에 대한 지식을 파악하는 실재론적 방향(a realist direction)으로 발전하게 되었다.

이제 마침내 신학에서도 같은 종류의 변화가 일어나고 있는데, 예수 그리스도를 실제적이고 진실된 방식으로 이해하려면 반드시 일어나야 하는 변화이다. 현상주의적이고 관찰주의적인 과학의 관점에서 이루어지는 역사적 예수에 대한 탐구는 예수를 그분 자체나 그분의 내재적 의미로는 알 수 없고 오직 사람들에게 나타나신 모습으로만 알 수 있다는 것을 의미한다. 따라서 복음서에 나타난 예수의 모습은 원시 그리스도교 공동체가 이론적 추론과 사상을 덧입힌 그분의 외면으로 이해해야 한다는 주장이다. 그러나 앞선 설명과 마찬가지로, 우리가 우리에게 나타나는 것만 알 수 있고 나타나는 것의 그 자체를 알 수 없다면, 이러한 가정에서 예수 그리스도 자신의 내적 관계에 대한 실제 지식에 도달하는 것은 사실상 불가능하다. 이러한 접근에서 우리는 계속해서 역사적 예수를 놓치고 있다.

그러나 이제 상황이 근본적으로 바뀌었다. 왜냐하면 현상주의적·관찰주의적 접근 방식과 그것이 가져온 탐구의 이면에 있는 가정이 현대 과학의 지식의 토대 위에서 무너졌고,

그리스도의 중재

이에 따라 예수의 고유한 로고스에 비추어 또한 그분의 내적 관계의 관점에서 우리에게 그분 자신을 나타내시는 적절한 형태의 탐구 방법을 발전시킬 수 있는 길이 열렸기 때문이다. 우리가 이와 같은 방법을 수용하는 이유는 이것이 단지 과학적 탐구 분야와 일치하기 때문이 아니라, 예수 그리스도 안에서 우리를 향한 하나님의 자기계시의 본질에 의해, 그리고 그리스도를 통해 우리의 앎이 그분의 성육신하신 인격 안에 있는 구원의 진리와 화해되는 방식에 상응하기 때문이다. 우리는 성서학과 신학이 매우 자주 갇혀 있던 잘못된 관념의 근거와 선입견을 자연과학이 없애고 폭로한 것에 대해 감사해야 한다. 그렇다고 여기서 인식론적 또는 방법론적 문제들로 들어가지는 않을 것이다.

우리는 그리스도가 자신의 교회를 위해 계시하고 화해하는 사역을 통하여 창조하신 객관적 의미의 구조 안에서, 다시 말해 그리스도가 옷 입으신 복음 또는 성육신하신 하나님의 말씀과 진리로서 자신을 나타내신 복음의 틀 안에서 중재자이신 그리스도의 인격을 신학적으로 설명하는 것에 관심이 있다. 그래서 우리는 그리스도를 그분 자신의 이해가능성에 따라, 그분의 내재적 로고스에 비추어, 그리고 계시된 그분의 내적 관계의 관점에서 이해하고자 노력한다. 왜냐하면 우리는 오직 그리스도 자신을 통해 그분을 진정으로 알 수 있고,

그분의 말씀과 진리가 미치는 창조적 영향 아래 그리스도에게 조화된 사고와 언어 방식을 통해 우리에게 주어진 지식을 이해할 수 있기 때문이다. 초대 교부들은 이와 같은 방식으로 예수 그리스도에 대한 지식을 발전시키고 이단적 왜곡을 방어하기 위해 명확한 교리적 구조를 만들고자 했으며, 이로써 그들은 이러한 목적을 위해 지식의 기초를 재구성하고 그들이 사용한 기본 용어와 개념을 재형성해야 한다는 것을 알게 되었다.

그리스 사상이 작동하는 지식의 이원론적 원리에 문제가 있다는 사실은 초대교회에서 곧 분명해졌다. 이원론적 원리는 시간을 초월한 이데아의 신적인 영역과 시공간에서 일어나는 경험적 사건의 지상적인 영역을 날카롭게 구분하는 이론적 개념을 도식화했기 때문이다. 영지주의 이단들의 글에서 볼 수 있는 이원론은 창조와 구속, 그리고 이에 상응하는 구약과 신약의 단절을 야기했고, 창조주 하나님의 활동과 구속주 하나님의 활동을 분리했으며, 성육신을 신화적 허구로 만들었다. 이원론적 관점이 그리스도교회로 들어와 사람들의 사고를 잠식했을 때, 그들은 필연적으로 그리스도를 신적 측면과 인간적 측면이라는 두 부분으로 나누었다. 그런 다음 그리스도에 대한 교리를 공식화하는 과정에서 그들은 그분의 인성에서 시작해 그분의 신성으로 나아가려고 하거나,

반대로 그분의 신성에서 시작해 인성으로 나아가려고 했다. 오늘날의 용어로 말하자면, 그들은 아래로부터의 그리스도론(Christology from below)과 위로부터의 그리스도론(Christology from above) 둘 중 하나를 생각했다. 그러나 그 과정에서 드러난 교훈적 사실은, 각자의 방식에서 결국 스스로를 부정하고 반대편 입장으로 넘어가는 일이 반복됨으로써 그리스도에 대한 이원론적 사고로 인해 발생한 문제에 대한 해결책이 없었다는 것이다. 그래서 교부들은 그리스도론에 대한 통합된 접근 방식, 즉 그리스도를 처음부터 하나님과 인간이신 한 인격으로서 온전하고 완전하게 이해하는 접근 방식이 필요하다는 것을 깨닫게 되었다. 그리고 교부들이 예수 그리스도를 그분의 온전한 실재 안에서 중재자로 이해하고 받아들였을 때, 그들은 비로소 그리스도를 주님과 구세주로 대면하는 복음의 전체 구조에 적합한 그리스도론을 공식화할 수 있었다.

성자와 성부의 존재에서 하나 됨

4세기 초 니케아 공의회에서 볼 수 있듯이, 당시 교부들의 기본 단서는 성부와 성자 또는 성자와 성부의 관계였다. 그들은 수많은 성서 구절을 주의 깊게 주석함으로써 그 단서를 발전시켰고, 주석 과정에서 성자와 성부의 관계가 수반하는 복음의 본질적 내용과 근본적 관계를 파악하고자 노력했다. 교부들이 사용한 가장 중요한 구절 중 하나는 마태복음 11장 27절과 누가복음 10장 22절이었는데, 그들은 이 구절을 요한복음의 평행 구절과 함께 해석했다. "내 아버지께서 모든 것을 내게 맡기셨으니 아버지 외에는 아들을 아는 자가 없고 아들이 계시하기로 선택한 자 외에는 아버지를 아는 자가 없다"(마 11:27). 예수는 마태복음에서 성육신하신 성자와 성부 사이의 상호지식의 관계를, 요한복음의 평행 구절에서는 예수 그리스도와 성부 사이의 상호지식과 사랑의 관계를 말씀하시면서 상호적 앎과 사랑의 순환이 있는 성자와 성부의 존재적 상호관계를 나타내셨고, 이러한 사실은 교회에 깊이 새겨졌다. 지난 장에서 분명히 밝혔듯이, 존재와 행위의 완전한 상호관계 안에서 성부는 성자 안에 거하시고 성자는 성부 안에 거하신다. 이와 같은 관계에 그리스도교 복음의 본질이 놓여 있다.

이 장에서 내가 강조하고자 하는 가장 중요한 점은 성부와 성자 또는 성자와 성부의 관계가 **하나님의 존재 안에** 있다는 사실이다. 다시 말해, 예수 그리스도 안에 구현된 아들 됨(the Sonship)은 하나님 자신의 영원한 존재의 내적 관계에 속해 있다. 그래서 그리스도가 독생자인 그분 자신을 통해 성부

그리스도의 중재

하나님을 계시하실 때, 영원한 존재 안에 계신 하나님에 대한 지식이 우리에게 주어진다. 우리는 하나님의 자녀이다. 하나님의 사랑이 아낌없이 부어지고 성령의 현존을 통해 하나님이 내주하시는 피조물이기 때문이다. 우리는 하나님의 존재와 완전히 구별되는 창조된 존재이기에 하나님의 자녀인 우리의 존재는 하나님의 존재 내부가 아닌 외부에 속한다. 그러나 예수 그리스도는 고유한 의미로 하나님의 아들이시다. 그분은 하나님 안에 계신 하나님의 아들이시기 때문에 성부의 아들로서 그분의 존재와 행위는 신격(Godhead)의 영원한 존재 안에 속한다. 이것이 바로 중재자의 교리(the doctrine of the Mediator), 즉 성부와 한 분이시며 동일한 존재이신 성육신하신 아들에 대한 교리이며, 만물을 지으시고 우리와 우리의 구원을 위해 예수 그리스도 안에서 인간이 되신 성자의 교리이다.

중재의 교리는 니케아 신조 전체의 중심을 이루는 교리이다. 하나님의 계시와 화해의 목적에 대한 복음의 본질이 교리적 표현으로 드러나기 때문이다. 복음의 모든 것은 예수 그리스도 안에서 성육신하신 아들이, 곧 자신 안에서 그리고 자신을 통해 인류에게 계시와 화해를 중재하시는 분이, 하나님으로부터 나신 하나님(God of God)이시고, 빛에서 나신 빛(Light of Light)이시며, 참 하나님으로부터 나신 참 하나님(very God of very God)이시라는 사실에 달려 있다. 다시 말하자면, 인간으로 오신 아들의 구원 사역의 효력은 그분의 신성에서 비롯되기에 예수 그리스도는 성부가 하나님으로 인정되는 것과 동일한 의미에서 하나님으로 인정되어야 한다.

니케아 신조의 고그리스도론(high Christology)에 대해 더 자세히 다루지는 않을 것이다. 하지만 그 안에 함축되어 있는 두 가지 요점에 주목하고자 한다. 먼저는, 성부에 대한 지식과 성부의 성육신하신 아들 예수 그리스도에 대한 지식이 우리 안에서 함께 생겨나며, 하나가 다른 하나 없이 존재할 수 없다는 것이다. 성자의 아버지가 아닌 성부는 계시지 않으므로 우리는 성자와 분리된 성부를 알지 못한다. 또한 성부의 아들이 아닌 성자는 계시지 않으므로 우리는 성부와 분리된 성자를 알지 못한다. 이런 이유로 니케아 신조는 만세 전에 성부로부터 나신 하나님의 독생자 주 예수 그리스도를 고백하며, 만물이 그분으로 인해 지은 바 되었다고 선언한다. 따라서 성자와 성부 그리고 성부와 성자에 대한 앎은 하나의 불가분한 지식의 운동 안에서 우리에게 허락된다. 그것은 우리의 앎이 성부와 성자의 존재 안의 상호관계에 근거해 그 관계에 의해 좌우되는 지식이며, 성부와 성자의 지식 안의 상호관계에서 비롯되어 그 관계에 의해 유지되는 지식이기 때문이다.

우리가 주목해야 할 다른 요점은, 성부와 성자에 대한 지식, 즉 성자 안에 계신 성부와 성부 안에 계신 성자에 대한 우리의 지식은 예수 그리스도 안에서 그리고 그분을 통해 중재된다는 사실이다. 이것은 보다 깊은 의미에서 성부와 성자 또는 성자와 성부이신 하나님의 지식에 참여하게 된다는 것이며, 아들을 통해 보냄을 받으신 성령에 의해 하나님을 알게된다는 말의 부분적인 의미이다. 우리는 예수 그리스도의 계시와 화해를 통하지 않고는 성부를 또는 성자를 알 수 없기 때문에, 성부와 성자와 성령에 대한 지식은 곧 예수 그리스도에 대한 지식의 결과이다. 하나님은 예수 그리스도 안에서 자신을 우리에게 계시하셨고 주셨기에, 하나님에 대한 우리의 모든 지식은 신적 계시의 중재 거점이 되는 성육신하신 예수 그리스도의 인격 안에서 구성되고 통제된다. 이 지점에서, 위로부터의 그리스도론과 아래로부터의 그리스도론을 대조하는 것이 본질상 신학적으로 매우 부적절함이 분명해 보인다. 왜냐하면 성부 하나님과 성자 하나님에 대한 우리의 지식은 중재자의 인격 안에 있는 하나님의 자기계시의 온전한 실재, 다시 말해 하나님이시며 인간이신 예수 그리스도에 대한 우리의 지식에서 온전히 일치하기 때문이다.

성육신하신 중재자의 본질

그렇다면 우리는 중재자의 인격을 어떻게 생각해야 할까? 예수 그리스도는 자신의 성육신한 인격 안에서 하나님과 인간 모두를 포용하시는 중재자이다. 그분은 한 인격 안에서 하나님의 본성을 지니신 하나님이며, 인간의 본성을 지니신 인간이다. 그분은 하나님과 인간이 결합된 두 실재가 아니라, 하나님과 인간이신 분으로서 우리와 대면하시는 하나의 실재이다. 아타나시우스(Athanasius)는 예수 그리스도를 '인간 안에 있는 하나님'으로 생각해서는 안 된다고 말했는데, 이는 그런 생각이 성육신의 의미를 제대로 설명하지 못하기 때문이었다. 그렇기에 우리는 예수 그리스도를 인간 안에 있는 하나님이 아니라, '인간으로 오신 하나님'으로서 생각해야 한다. 또한 예수 그리스도를 단지 인간의 형태나 삶의 방식에서 나타난 하나님의 모습으로 이해해서는 안 되는데, 이런 이해 역시 성육신의 의미를 제대로 표현하지 못하기 때문이다.

성육신은 우리가 예수 그리스도 안에서 참 하나님과 참 인간이신 하나님의 아들과 관련된다는 의미이며, 참 하나님으로부터 나신 참 하나님이신 성자가 인간으로서 우리에게 오셨다는 의미이다. 창조주 하나님은 그분이 만드신 세상에 피조물로서 우리에게 오셨지만 여전히 창조주이시며, 모든 인간의 창조와 유지의 근원이신 하나님은 특정한 인간으로서 우리에게 오셨지만 영원히 신적 존재이심을 멈추지 않으신다. 이처럼 성육신의 의미는 너무나도 경이로운 진리를 담고 있다.

이런 관점에서 우리는 그분의 인격과 실재에 근거하여 예수 그리스도를 신적 계시와 화해의 중재자로 생각해야 한다. 그리스도는 중재의 대리인이나 도구처럼 자신과 무관한 계시나 화해를 중재하지 않으신다. 그리스도의 중재와 그분의 존재는 하나이며 동일하기 때문에 그리스도는 그분의 중재를 자신의 존재 안에서 구현하신다. 그리스도는 자신의 육화된 인격 안에서 계시와 화해의 내용과 실재를 구성하신다. 이것이 바로 성서가 예수 그리스도를 그저 하나님의 말씀의 전달자가 아니라, 하나님의 말씀이라고 증언하는 이유이다. 그리스도는 그분 자신의 인격 안에서 우리에게 말씀하시는 하나님의 진리 그 자체이기 때문이다.

바로 이와 같은 동일성, 즉 하나님과 인간이신 예수 그리스도의 나뉠 수 없는 한 인격 안에서 발견되는 중재와 중재자의 동일성에 신학의 본질이 달려 있다. 따라서 이러한 신학적 이해를 우리는 고수해야 한다. 그러나 만일 예수 그리스도와 하나님 사이, 또는 그리스도의 인격과 사역 사이의 내적인 구성적 동일성이 포기되고 고수되지 않는다면, 복음에 대한 우리의 이해는 붕괴되기 시작할 것이고 마침내 완전히 무너지게 될 것이다.

이제 중재자의 교리에서 실제로 쟁점이 되는 것을 이해하기 위해 몇 가지 가정을 세우고 그에 따른 결과를 살펴보자. 우선 성자와 성부의 관계가 하나님의 내적 존재에 속하지 않는다고 가정하고, 결과적으로 성자와 성부의 관계가 피조물인 인간과 성부 하나님의 관계와 별반 다르지 않다고 가정해 보자. 또한 예수 그리스도의 인격 안에는 인간과 하나님의 존재의 하나 됨이 없고, 인성과 신성의 위격적 연합이 없으며, 따라서 예수 그리스도는 자신의 존재 안에서 인간과 하나님 사이의 중재자가 아닌 단지 창조된 중재 수단이며 일시적인 중재자에 불과할 뿐이라고 가정해 보자. 그때 복음의 의미는 무엇일까?

이해를 돕기 위해 복음의 핵심인 죄의 용서를 생각해 보자. 복음서에서 예수가 어떤 이들에게 "네 죄 사함을 받았다"고 말씀하신 것을 읽을 때, 우리는 이것을 어떻게 이해해야 할까? 예수가 하신 용서의 말씀은 단지 피조물, 그것도 가장 훌륭하고 위대한 피조물의 말에 불과한 것일까? 만일 그렇다면 어떻게 피조물이 죄를 용서할 수 있을까? 바로 이것이 유대인들이 던진 질문이었다. "오직 하나님 한 분 외에 누가 능히 죄를 사하겠느냐?"(눅 5:21) 하나님만이 죄를 용서하실 수

그리스도의 중재

있다는 그들의 지적은 옳았다. 죄를 용서한다는 것은 죄를 되돌리고 마치 없었던 것처럼 죄를 없애는 것인데, 구약성서가 분명히 밝히듯이 죄를 지은 사건을 무효로 만들고 그것과 관련된 시간을 원상태로 돌리는 일은 오직 하나님만이 하실 수 있는 놀라운 일이기 때문이다.

요점은 이것이다. 예수 그리스도와 하나님 사이의 존재의 유대를 끊을 때 예수는 단지 피조된 존재로 전락하게 되고, 그런 경우 그분의 용서의 말씀은 그저 한 피조물이 다른 피조물에게 친절한 감정을 표현했던 말에 불과하게 된다. 그것은 온화한 말이지만, 용서의 효력이 없는 공허한 말이다. 그러나 예수 그리스도가 정말로 성육신하신 하나님의 아들이시고 하나님의 존재와 동일하신 존재라면, 그분이 지상에서 하신 용서의 말씀은 전능하신 하나님의 말씀이며, 하나님의 능력과 존재에 의해 죄의 용서를 가능케 하는 궁극적인 효력을 가진 말씀이다. 이때 예수의 용서는 참된 용서이다. 그러므로 예수 그리스도와 하나님 사이의 존재의 유대를 끊어 버리면, 죄 사함의 복음은 무너지게 된다.

이제 예수 그리스도와 하나님의 계시의 문제로 돌아가서, 예수가 하나님의 아들이라고 불렸지만 실제로는 성부와 한 본질이 아니었다고 다시 한번 가정해 보자. 그렇다면 우리는 예수를 통한 하나님의 계시를 어떻게 이해해야 할까? 예수 그리스도와 성부가 한 본질이 아니라면, 예수 안에서 우리에게 나타나신 하나님은 자신 안에 계신 영원한 하나님과 동일하지 않다는 의미이고, 예수를 통한 하나님의 계시는 하나님의 존재에 근거되지도, 그분의 진정한 자기계시에 의해 입증되지도 않는 하나님에 대한 일시적 상징에 불과하다는 의미이다. 달리 말하자면, 예수 그리스도 안에서 우리를 향해 계신 하나님이 자신의 존재 안에 계신 하나님과 다르다는 것이고, 예수 그리스도의 사랑 안에서 우리를 향해 계신 하나님이 자신의 영원한 존재 안에 있지 않다는 의미이다. 만일 예수와 성부 사이에 존재와 행위의 하나 됨이 없다면, 우리는 두 분 사이에서 어떤 신실함이나 신뢰에 기반한 관계를 생각할 수 없다. 이때 예수는 인류에 대한 하나님의 자기소통 또는 자기수여가 될 수 없고, 결과적으로 하나님에 대한 인간의 주관적 생각이 투사된 믿음을 실현한 인물 정도로 여겨지게 된다. 그러나 우리가 믿는 것처럼 성육신하신 아들 예수 그리스도와 성부가 존재와 행위에서 하나라면, 그리스도는 자신의 인격 안에서 인류에 대한 하나님의 자기소통과 자기수여를 구현하시고 계시의 진리와 실재를 구성하신다. 그러므로 성자와 성부 사이의 본질적인 관계를 끊어 버리면, 신적 계시의 존재론적 실체는 전부 사라지게 된다.

하나님의 사랑과 관련해서 예수 그리스도와 성부의 본질

그리스도의 중재

적인 관계보다 우리에게 더 중요한 것이 있을까? 하나님은 사랑이시다. 그러나 만일 예수와 성부 사이의 사랑의 유대가 끊어진다면, 다시 말해 예수와 성부의 존재의 하나 됨이 없다면 우리는 어디서 하나님의 사랑을 발견할 수 있을까? 예수 그리스도가 우리와 우리의 구원을 위해 인간이 되신 하나님이 아니라는 주장은 하나님이 우리를 지극히 사랑하시지 않는다는 말이며, 성육신하여 우리와 연합을 이루신 하나님의 사랑을 인정하지 않는다는 말이다. 만일 하나님의 사랑이 우리와 연합하지 않으셨다면, 그분은 전능하신 주 하나님이 아니라 사랑에 한계가 있는 유한한 신성이라고 할 수 있지 않을까? 예수 그리스도와 하나님 사이에 끊을 수 없는 존재의 유대가 없다면, 예수 그리스도의 등 뒤에는 우리가 두려워할 수밖에 없는 어둡고 불가해한 하나님이 남게 된다. 성육신하신 아들과 성부 사이에 상호 앎과 존재와 사랑의 관계가 없다면, 예수 그리스도는 하나님을 위한 보증인이 되지 못하며, 우리는 예수의 존재와 말과 행동에서 영원한 하나님이 어떤 분이신지에 대한 아무런 증거를 발견하지 못한다.

하나님은 정말 예수와 같은 분인가?

이제 목회적 돌봄에서 매우 중요한 신학적 원리를 다루고자 한다. 사람들이 나에게 자주 했던 질문 중 하나는 "하나님이 우리가 믿는 예수 그리스도와 같은 분인가?"라는 것이었다. 이 질문은 2차 세계대전의 전쟁터에서 전쟁의 참화로 목숨이 겨우 30분밖에 남지 않았던 한 청년이 내게 한 질문이기도 하다. 즉, "하나님은 예수와 같은 분이신가?"라는 질문이다. 사람들의 마음 한구석을 괴롭히다가 극심한 위기와 상처의 순간에야 비로소 표면화되는 이와 같은 질문은 예수와 하나님의 관계를 단절시키는 이원론적 사고방식이 신앙에 스며든 악영향을 보여 준다.

예수를 하나님으로 이해하거나 믿지 못할 때, 사람들의 마음에는 두려운 불안이 생겨난다. 예수가 하나님이 아닐 때 그들에게 하나님은 어둡고, 불가해하며, 횡포한 존재, 곧 그들의 죄의식이 마음속에 만들어 낸 무자비한 분노의 얼굴을 가진 신적 존재일 수 있기 때문이다. 그러나 예수의 얼굴이 하나님의 얼굴과 동일하고, 속죄의 희생을 통해 죄 사함의 약속이 실제로 이루어졌기에 예수가 선언한 죄의 용서가 참된 죄의 용서이며, 예수로 구현된 하나님의 온전한 사랑이 모든 두려움을 몰아낸다고 믿을 때, 하나님은 완전히 다르게 인식

그리스도의 중재

된다. 그러나 이 모든 것은 계시와 화해에 대한 그리스도의 중재와 중재자이신 그리스도의 인격 사이의 동일성에 달려 있다.

이제 4세기 아리우스 이단이 주장했고 지금도 현대의 많은 자유주의 사상가들이 따르고 있는, 그리스도의 아들 됨이 영원한 하나님의 존재에 속하지 않는다는 가정을 살펴보자. 이 가정에서 예수 그리스도 안에서 인간이 되신 하나님의 아들은 하나님이 만드신 최초의 존재이자 최고의 존재이고, 하나님이 그를 통해 다른 피조물을 창조하신 로고스 또는 하나님의 말씀이며, 성육신을 통해 인류에게 하나님의 사랑과 구원을 전하는 창조된 중재자이다. 이러한 견해는 복음에 대한 우리의 이해에 어떤 의미가 있을까?

아리우스 이단은 영원한 존재이신 하나님과 만물의 머리이신 예수 그리스도 사이에 경계선을 그음으로써 하나님과 이 세상 사이에 궁극적인 이원론을 상정했다. 이는 하나님과 인간의 시공간 속 상호작용 또는 인간 문제에 대한 하나님의 직접적인 개입을 말하는 실재론적 사고를 배제한 것이었다. 앞서 보았듯이 이러한 이원론적 사고방식은 계시의 객관적 내용을 진공상태로 만들고, 신앙을 하나님과의 비인식적 관계로 축소시키며, 예수 그리스도를 하나님이 외적인 방식으로만 관여하는 세계의 접점에 지나지 않게 하여 그분을 우리가 하나님을 생각할 수 있는 방식을 위한 이미지나 상징이 되게 한다. 본질적으로 이미지나 상징은 하나님 자신의 실재에 근거하거나 그분의 실재에 의해 객관적으로 통제되지 않는다. 그것은 인간의 지식을 근본적으로 초월하여 계시는 하나님에 대해 보여 주기보다는 우리의 상상력에서 나온 생각을 고안하고 내면의 깊은 곳에서 나온 생각을 투영하는 방법을 더 많이 보여 준다.

내가 말하고자 하는 요점은 이것이다. 예수 그리스도가 하나님의 존재 안에서 독생하신 영원한 아들의 성육신이 아닌 하나님의 존재와 완전히 분리된 창조되고 현세적인 존재라면, 예수 그리스도와 하나님의 관계는 오직 **도덕적** 관점에서만 해석될 수 있다는 것이다. 궁극적으로 예수와 하나님의 관계는 하나님을 사랑하고 그분의 계명을 따르며 '하나님으로부터 난 자'라고 불렸던 이들의 관계와 다르지 않게 된다. 그리고 이것이 우리가 고대와 현대에서 쉽게 발견하는 예수에 대한 이해이다. 그러므로 예수와 하나님의 관계에 대한 가정은 복음에 대한 이해와 신앙의 본질적인 진리에 지대한 영향을 가져온다. 그리스도교의 모든 것이 바로 그 가정에 의해 좌우되기 때문이다.

예수가 하나님이 아니라는 가정에서 속죄의 화해는 예수 그리스도와 외적으로만 관련되었다고 생각할 수 있다. 타

그리스도의 중재

락한 피조물을 구원할 수 있는 유일한 분은 창조주 하나님이기 때문에 예수 그리스도가 하나님의 본질에 속하지 않는다면 그분은 인류의 주님과 구세주가 아니다. 그리고 만일 예수 그리스도가 하나님과 도덕적으로만 관련되어 있다면 그분은 사랑과 정의의 모범을 통해 우리에게 성부와의 더 나은 도덕적 관계를 가리키는 일종의 도덕적 지도자이며, 십자가에서 드린 예수 그리스도의 속죄의 희생은 단지 외적인 도덕적 관계, 즉 하나님의 사랑의 표현이나 인류를 위한 하나님과 예수 사이의 일종의 사법적 거래의 관점으로만 이해될 수 있다. 더욱이 이러한 가정들의 결과를 보다 자세히 살펴보면 교회와 성례전, 그리고 그리스도인의 삶에 대한 교리 모두는 도덕적 관계의 관점에서만 이해되어야 한다는 것을 알 수 있다.

그렇다면 교회는 도덕적 근거나 사회적·윤리적 문제로 사람들을 하나로 모으는 방법, 즉 공통의 이상과 삶의 방식을 통해 외적으로 묶인 개인들로 구성된 매우 인간적인 사회에 지나지 않으며, 성례전은 도덕적 관계를 공고히 하고 성부에 대한 응답과 형제 사랑 안에서 그리스도인의 행동 양식을 촉진한다는 의미에서만 '은혜의 수단'(means of grace)이 된다. 신앙의 복음적이고 그리스도론적인 본질에서 벗어났거나 약하게 관련되어 있는 구원, 교회, 성례전, 사회적·도덕적 삶의 방식에 대해 지금까지 서술된 견해는, 사실 현대 자유주의 개신교의 특징일 뿐만 아니라 오늘날 로마 가톨릭교회의 많은 신학자와 교인들에게도 영향을 준 사고방식이다.

만일 이러한 견해가 옳다면, 이스라엘과의 관계를 통해 그리고 무엇보다 영원한 아들의 성육신과 예수 그리스도를 통해 계시와 구원이 중재되는 방식에서 이미 논의한 대로, 하나님의 구원은 인간의 존재론적 깊이에서 일어나지 않고 하나님과의 화해는 인간 존재의 근본 구조 안으로 침투하지 않는다. 그렇다면 그리스도의 보혈로 인간 양심의 근원이 정화되지 않고, 그리스도 안에서 인간의 근본적인 변화나 거듭남도 없으며, 예수 그리스도의 죽음과 부활을 통해 새롭게 된 피조물(고후 5:17)에 대한 희망의 근거도 없다. 예수가 이런 맥락에서 인류에게 구원자나 치유자로 선포된다면, 이때 그는 인간 의사나 도덕가 또는 사회사업가처럼 외적인 관계나 수단을 통해 자신의 일을 수행하는 사람일 수밖에 없다. 그러나 예수 그리스도가 우리 가운데 성육신하신 창조주 하나님이시라면, 그분은 인간 존재의 어둡고 뒤틀린 심연을 열고 존재의 근원으로부터 정화하고 화해하고 재창조함으로써 우리를 구원하고 치유하신다.

그리스도의 중재

그리스도의 인격과 사역의 일치

그러면 복음의 선포와 교회의 고백을 따라, 성부에 대한 예수 그리스도의 자녀 관계가 신격의 영원한 존재에 근거하고 있다는 것을 믿는다면, 그래서 예수를 우리와 우리의 구원을 위해 하늘로부터 내려오셔서 성령에 의해 동정녀 마리아에게서 나신 참 인간이시며 참 하나님으로부터 나신 참 하나님이시라고 믿는다면, 하나님과 인간 사이의 유일한 중재자이신 예수 그리스도를 우리는 어떻게 생각해야 할까? 이 같은 근본적인 진리가 중재자이신 그분의 인격과 사역에 대한 우리의 이해에 무엇을 의미하는지를 네 가지 방식으로 설명하겠다.

(1) 하나님 자신이 예수 그리스도 안에서 인간의 존재로 오셨고 인간의 본성을 자신의 본성과 연합하셨기에, 속죄하는 화해는 중재자의 인격 안에서 일어난다. 창조주이신 말씀이며 성육신하신 하나님의 아들이신 예수 그리스도 안에서 그분의 인격과 사역은 하나이다. 그분의 사역은 그분의 인격적 존재와 분리되지 않고, 성육신한 인격 안에 있는 그분의 존재는 우리의 구원을 위한 하나님의 위대한 사랑의 행위와 동일하다. 그리스도와 복음은 존재론적으로 불가분의 관계에 놓여 있다. 하나님과 인간, 인간과 하나님 사이의 화해의 복음을 자신의 인격 안에서 불러일으키고 구현하시는 그리

스도 자신이 바로 복음이기 때문이다. 그리스도 안에서 성육신과 속죄는 하나이며 분리될 수 없다. 속죄하는 화해는 중재자이신 그분의 성육신적 구성에 속하기 때문이다. 이러한 근거와 근원으로부터 속죄하는 화해는 모든 인류를 포용하고 그들에게 자유롭게 제공된다.

나는 우리가 속죄를 예수가 이루신 하나님과 인간 사이의 외적인 거래로 여기는 경향이 있는지, 아니면 중재자의 존재 안에서 일어난 내적인 사건으로 생각하는지를 자문하는 것이 중요하다고 믿는다. 그것은 우리가 궁극적으로 아리우스주의나 자유주의자들의 노선을 따르고 있는지, 아니면 성도들에게 전달된 신앙의 내적 구조와 관계를 밝히고 표현하는 데에 온 교회가 깊은 빚을 지고 있는 니케아 신조와 위대한 그리스 교부 신학의 노선을 따르고 있는지를 알려 줄 것이다. 예수 그리스도 안에서 하나님의 아들이 타락하고 죄로 가득 찬 인류 안으로 성육신하셨다면 그분은 성육신 안에서 우리의 인간성을 취하여 자신의 것으로 삼으신 것이고, 그럼으로써 우리의 죄와 죄책감, 폭력과 악을 실재적으로 짊어지신 것이다. 성육신에서의 속죄하는 자기희생과 자기봉헌(self-offering)을 통해 예수는 우리의 악을 제거하셨고, 우리의 인간 본성을 그 내부에서부터 치유하고 거룩하게 하셨으며, 그리하여 우리를 그분 안에서, 그분을 통해 구속되고 봉헌된 사람들로서 성부에게 보이셨다. 예수는 하나님과 인간을 하나로 모으는 중재자로서 이 모든 일을 자신의 인격 안에서 행하셨고, 이로 인해 그분의 죄 없으신 삶의 거룩과 완전 안에서 또한 십자가와 부활을 통해 화해는 실현되었으며 우리의 인간성은 새롭게 되었다.

(2) 성부와 성자의 상호관계 안에, 즉 하나님이 하나님으로서 존재하시는 사랑의 친교 안에 삶과 존재의 영원한 근거를 두신 하나님의 아들이 예수 그리스도 안에서 성육신하셨기에, 그리스도 안에서 그리고 그분을 통한 신적 화해의 중재는 인간과 하나님 사이의 거룩한 관계의 재구성을 말하는 동시에 그 이상을 의미한다. 중재자의 인격 안에서 이루어지는 화해의 중재가 의미하는 것은 인류가 그리스도 안에서 그리고 그분을 통해 하나님의 생명과 사랑의 내적 관계에 참여함으로써 하나님과 화해된다는 것이다. 하나님 안에서의 영원한 사랑의 친교가 예수 그리스도를 통해 우리와 그리스도와의 연합으로 흘러넘쳤고, 이제 하나님 안에서 그분과 함께 살도록 우리를 불러 모은다. 이것은 성육신과 그 안에서 일어난 화해가 하나님의 생명 안에 속한다는 것을 표현하는 또 다른 방식이며, 하나님의 완전한 존재이신 그리스도의 성육신과 그로 인한 우리와 그리스도의 상호내주 관계를 통해 우리가 하나님의 무한한 사랑에 둘러싸인다는 바울의 가르침의 내

용이다.

그리스 교부들은 인간이 하나님의 생명과 사랑에 참여하는 경험을 '신화'(*theopoiesis/theosis*)라고 불렀는데, 이는 소위 '신성화'(divinisation)를 의미하지 않는다. 신화는 하나님이 우리의 인간 본성을 신성으로 바꾸는 방식이 아니라, 예수 그리스도 안에서 또한 성령을 통해 우리에게 자신을 내어 주시고 우리를 그분의 신성한 생명과 사랑의 친교 안으로 받아들이시는, 하나님의 전적으로 경이로운 행위이다. 이것은 믿음을 통한 그리스도와의 인지적 연합의 내적 통합을 구성하며, 말씀과 성례전을 통한 그리스도와의 개인적·공동체적 연합의 실체를 구성한다. 그리스도 안에서 우리와 하나님의 관계는 단순히 외적인 근거에 머무르지 않고, 성부, 성자, 성령으로서 존재하시는 하나님의 삼위일체적 관계 안으로 포용되기 때문이다.

(3) 아들과 아버지의 관계가 하나님이 성부, 성자, 성령으로서 자신의 존재 안에 영원히 함께 계시는 사랑의 연합과 친교에 속하기에 하나님이 인류에게 자신을 주시는 아들의 성육신은 예수 그리스도의 인격 안에서 그분의 신성과 우리의 인간성의 '위격적 연합' 형태로 나타난다. 이는 우리 인간의 존재 안에서 일어난 그리스도의 모든 중재와 화해 사역의 직접적인 근거이다. 위격적 연합은 성삼위일체의 '동일

본질적 친교'(consubstantial communion), 즉 한 분이며 동일하신 하나님의 세 위격이신 성부, 성자, 성령의 상호내주(mutual indwelling) 또는 상호내재(coinhering)에 근거하고, 이로부터 파생되며 지속적으로 유지된다. 위격적 연합은 신성과 인성 둘 중 어느 하나가 줄어들거나 손상되지 않는 방식으로 그리스도 안에서 하나가 되는 연합이다.

동시에 위격적 연합은, 말하자면 하나님과 갈등을 겪고 소외된 우리 인간의 실제 조건이 투영되는 연합이다. 그렇기에 위격적 연합은 둘 사이의 소원함을 해소하고, 갈등을 없애며, 우리에게서 취한 인간성과 예수 그리스도의 신성과의 거룩한 연합을 이루게 하는 화해하는 연합이다. 하나님을 적대하는 인간의 깊은 갈등과 긴장 속에서 구현된 위격적 연합은, 그래서 역동적인 속죄의 연합이 되었다. 이는 탄생부터 십자가와 부활에 이르는 그리스도의 대리적 삶 전반에 걸쳐 인간 존재의 구조 안에서 지속적으로 이루어졌다.

성육신과 속죄는 하나님의 아들이 우리를 위해 인간이 되시고 행하신 모든 일과 우리의 구속을 위해 겪으신 모든 일에 내적이며 본질적으로 결합되어 있었다. 어둠의 세력은 예수가 성부에 대한 신뢰를 저버리고 십자가의 길에서 벗어나게 함으로써 성부와 분리시키기 위해 유혹했다. 그리하여 예수는 하나님의 아들로서 세례 직후 광야에서, 공생애 사역 동안, 무엇보다 겟세마네에서 그리고 십자가 위에서 유혹을 받으셨다. 그러나 예수는 고뇌에 찬 통곡과 눈물의 기도에 단호히 의지하여 그 모든 유혹을 이겨 내셨다. 예수는 탄생에서 십자가와 부활에 이르기까지 순결과 성실, 신실과 진실한 삶 속에서 온 세상의 죄와 성부의 심판이 주는 무게를 감당하셨다. 예수가 십자가의 속죄를 통해 인간과 하나님을 분리시키는 죽음과 정죄의 궁극적인 장벽을 깨뜨리고 무덤에서 부활하여 화해의 중재를 완성하실 때까지, 예수의 인격에서 하나 된 신성과 인성의 위격적 연합은 악한 세력의 공격에 굴복되지 않고 모든 것에 승리했다.

이제 위격적 연합과 속죄하는 연합이 인류에 대한 그리스도의 화해의 중재에서 서로를 내포하며 상호침투했음이 분명해졌다. 위격적 연합은 속죄를 통한 죄의 제거와 아들의 신성과의 연합을 통한 인간 본성의 성화가 있었기에 타락한 인간의 조건 안에서 실현될 수 있었다. 반면에, 속죄하는 연합은 성육신과 그것이 수반하는 신성과 인성의 위격적 연합을 통해 일어난 신성의 침투가 있었기에 하나님으로부터 소외된 인간의 존재론적 깊이에서 실현될 수 있었다. 이것은 중재 자이신 예수 그리스도 안에서 이루어졌고 그분 안에서 위격적 연합과 속죄의 연합은 상호작용했다. 그러나 이러한 통합된 운동의 궁극적인 목적은 속죄가 아니라, 예수 그리스도 안

에서 그리고 그분을 통한 하나님과의 연합이다. 예수 그리스
도 안에서 우리의 인간 본성은 구원받고 치유되고 새로워질
뿐만 아니라 성삼위일체의 빛과 생명과 사랑에 참여하도록
고양된다.

(4) 인간과 하나님 사이의 속죄하는 화해가 예수 그리스
도와 외적으로가 아닌 내적으로 관련되어 있고, 하나님과 인
간이 그분의 인격 안에서 불가분하게 연합되어 있는 중재자
의 성육신적 구성 안에서 성취되고 근거를 둔다면, 예수 그리
스도의 교회 역시 그분과 내적으로 관련되어 있다고 생각해
야 한다. 속죄하는 연합을 통해 구속받은 교회 안의 모든 사
람은 그리스도의 탄생과 죽음과 부활을 통한 성육신적 연합
에 참여하게 되고, 성령의 능력으로 그분의 몸의 살아 있는
지체로서, 바르트의 표현대로 하자면 '그리스도의 지상적·역
사적 존재 형태'(the earthly-historical form of his existence)로서 그
리스도 안에 통합된다. 따라서 성육신을 통해 맺어진 그리스
도와 우리의 '객관적' 연합은 그분의 내주하시는 성령을 통
해 우리 안에서 '주관적' 또는 '개인적'으로 실현되며, 이로써
'그리스도 안에 있는 우리'와 '우리 안에 계신 그리스도'는
상호보완하고 상호침투한다. 다시 말해, 그리스도와 교회 사
이에는 상호내주 관계가 존재하며, 이것은 성삼위일체 하나
님 안에 계신 성부, 성자, 성령의 상호내주에서 비롯되고 그

곳에 근거를 두고 있다.

사도 바울이 묘사한 바와 같이, 그리스도와 교회의 연합에 대한 이 '위대한 신비'는 본질적으로 공동체적이지만, 세례를 통해 그리스도에게 접붙임을 받고 성찬에서 그분의 몸과 피를 먹고 마시며 그분과 연합하여 살아가는 그리스도의 몸의 모든 개별 지체들에게 동일하게 적용된다. 교회는 중재자의 인격 안에 구현된 위격적이고 속죄하는 연합에 기초하고 있기에, 그리스도의 몸으로 묘사된 교회는 신자와 예수 그리스도 사이의 어떤 외적·도덕적 결합을 비유적으로 말하는 것이 아니다. 그리스도의 몸으로서의 교회는 인간과 하나님의 화해를 중재하실 뿐만 아니라 그 화해를 자신의 신적-인간적 실재 안에서 구성하시고 구현하시는 중재자 그리스도와 연합된, 교회의 존재론적 실체를 표현한다.

그리스도의 인격화하고 인간화하는 활동

여기서 교회의 교리에 대해 논의를 더 발전시킬 수는 없지만, 중재자의 인격에 대한 교회의 존재론적 관계가 인간 존재에게 주는 중요성을 두 가지 방식으로 살펴보겠다.

첫째, 중재자이신 예수 그리스도는 인격화하는 인격(the

personalising person)이다. 그리스도론에서 오래된 문제 중 하나는 하나님과 인간이라는 두 인격이 아닌 한 인격을 가진 또는 인간의 인격이 신적 위격의 빈 가면이 되지 않는 예수 그리스도 안에서 하나님의 아들의 성육신을 생각하는 방식과 관련되어 있다. 만일 예수 그리스도가 두 인격을 가졌거나 그분의 인격이 그저 빈 가면이라면 예수는 분열적인 존재이고 성육신은 비현실적이게 된다. 이것은 잘못된 이원론적 사고에서 비롯되었기에 발생해서는 안 되는 문제이다.

예수 그리스도 안에서 성육신하신 인격은 인류를 창조하시고 구성하시는 창조주 하나님의 말씀이며, 창조된 모든 인격적 존재의 근원이 되시는 인격이기에, 성육신은 창조하고 인격화하는 활동으로 여겨야 한다. 성육신하신 하나님의 아들 예수 그리스도는 그분의 신적 존재 안에 계신 인격이지만, 우리는 모두 창조된 인격이다. 다시 말해, 그리스도는 인격화하는 인격(the personalising Person)이고, 우리는 인격화되는 인격(personalised persons)이다. 그러므로 예수 그리스도의 성육신은 인간을 비인격화하거나 무시하지 않으며, 오히려 전례 없이 깊은 방식으로 인간의 존재를 인격화한다. 하나님과 우리의 모든 상호작용에 급격한 인격화가 성육신과 함께 일어났다는 점에서 성자의 위격과 인간 본성의 성육신적 연합은 인간 존재에서 일어날 수 있는 가장 완전한 인격화로 간주되어야 한다. 인격화하는 인격과 인격화되는 인격은 예수 그리스도 안에서 하나의 동일한 존재이며, 그분 안에서 인격화되는 인격은 가장 충만한 실재로 구현된다. 따라서 인간의 인격은 신적 위격에 의해 사라지거나 압도되지 않고, 예수 그리스도의 신성과의 불가분한 연합 안에서 더욱 견고하게 유지된다.

이 시점에서 우리는 성육신적 연합이 또한 속죄하는 연합이었으며, 속죄하는 연합 안에서 그리고 그 연합을 통해 우리의 잃어버리고 저주받은 인간성이 예수 그리스도 안에서 구속되고 치유되고 성화되었다는 사실을 기억해야 한다. 이는 예수 그리스도 안에서 하나님으로부터의 소외와 인류의 존재 안에 뿌리내린 하나님과의 갈등으로 인해 깨어진 인간의 인격적 존재가 하나님의 구속하시고 치유하시고 성화하시는 활동 안으로 들어오게 되었다는 의미이다. 우리 인간의 인격이 안고 있는 문제는 깊이 자리 잡은 분열적 상태로 인해 자주 그리고 필연적으로 우리 안에 불성실과 위선을 불러일으킨다는 것이다. 인간 존재를 인격화하는 근원으로부터 멀어짐으로써 우리가 타인에게 보여 주는 모습과 보여 주고 싶은 모습은 우리의 실제 모습으로부터 분리되어 기만적인 가면이 된다.

따라서 우리는 타인과의 진정한 관계로부터 우리를 단절

시키는 자기중심적 개인주의에 사로잡히게 되고, 우리가 인격으로 존속하는 그 인격적 관계는 손상되고 왜곡된다. 이것이 바로 하나님의 아들의 인격화하는 인격이 성육신하신 상황이다. 하나님의 아들은 그분의 성육신 안에서 구현하신 위격적이고 속죄하는 연합을 통해 인간의 존재론적 분열을 치유하셨고, 중재자이신 그분의 인격의 불가분한 연합 안에서 그리고 완전한 성실과 정직과 진실의 성육신적 삶을 통해 우리의 분열된 모습과 실재를 재통합하셨다. 이런 점에서 예수 그리스도가 인격화하신다는 것은 그분이 우리를 비인격화하는 세력에서 구속하시고, 우리를 그분 자신과 타인과의 관계에서 재인격화하신다는 의미이다. 그러나 그리스도가 행하셨고 지금도 행하시는 일이 그보다 더 큰 의미를 지니는 이유는, 그분이 우리 인격을 모든 인격적 존재의 창조적 근원이신 하나님 안에 있는 자신의 인격에 영원히 고정되게 만들기 때문이다.

둘째, 중재자이신 예수 그리스도는 인간화하는 인간(the humanising Man)이다. 여기서 우리는 앞서 다루었던 그리스도론의 역사에서 전통적으로 제기되어 온 문제와 유사한 문제, 즉 인간성의 상실이나 그 완전성의 손상 없는 예수 그리스도 안에서 인간이 되신 하나님을 생각하는 방식을 숙고해야 한다. 다시 한번 말하지만, 이런 생각은 하나님과 인간, 창조주와 피조물, 무한과 유한을 논리적으로 반대에 있는 것처럼 다루어 서로 배타적인 것으로 간주하는 이원론적 사고에 기초하고 있기에 발생해서는 안 되는 문제이다. 인류를 창조하신 하나님의 말씀이, 곧 그가 없이는 누구도 존재할 수 없었던 바로 그 하나님의 말씀이 예수 그리스도 안에서 육신이 되셨기에, 말씀의 성육신은 피조물에 임하는 하나님의 강렬한 창조적 활동을 수반하며, 이로써 인간의 피조된 상태를 치유하고 회복시킨다. 이것은 성육신하신 아들의 한 인격 안에서 신성과 인성이 서로 분리되거나 혼합되지 않고, 어느 본성도 다른 본성과의 관계를 통해 상실되거나 변화를 겪지 않는 방식으로 연합되었다고 고백하는 위격적 연합 교리가 부분적으로 의미하는 것이다. 다시 말해, 위격적 연합에서 예수 그리스도의 인간 본성과 그것의 변함없는 완전성은 하나님의 아들 안에서 영원히 받아들여지고 확립되고 고정된다.

여기서도 우리는 예수 그리스도 안에서 인간의 죄 된 본성을 구속하시고 치유하시고 성화하시는 속죄하는 연합이 위격적 연합과 별개로 일어나지 않았음을 상기해야 한다. 위격적 연합은 하나님에 대한 인류의 반역과 그분에 대한 인간 존재의 뿌리 깊은 적대감에서 비롯된 인간 본성의 부패한 상태가 그리스도의 죽음과 부활의 구속하고 치유하며 성화하는 능력 안으로 들어온다는 의미이다. 폭력과 비인간성이 만

그리스도의 중재

연한 이 세상에서 우리가 너무도 익숙하게 경험하는 인류는 하나님이 의도하신 모습에서 심각하게 벗어나 있다. 인류는 인간 존재의 구조 속에 자리 잡은 비인간화하는 세력의 먹잇 감이 되어 거기서 벗어날 수 없게 되었다. 인간 존재에 내재 된 비인간화는 우리 중 그 누구도 자신이 마땅히 되어야 하 는 남자나 여자가 아니고 또한 그렇게 될 수 없다는 점에서 우리 각자가 깊이 인식하고 있는 사실이다. 만일 우리의 현 재 모습(what we are)과 우리가 되어야 하는 모습(what we ought to be) 사이에 간극이 없다면 우리는 현재 모습에서 도덕적 의 무를 인식하지 못할 것이다. 이것은 타락한 인류 안에서 생겨 나는 일종의 도덕적 관계가 지금 우리가 마땅히 되어야 하는 인간이 아니라는 사실에서 비롯된다는 것을 의미한다.

따라서 하나님과의 관계 그리고 서로와의 관계에는 우리 가 결코 메울 수 없는 깊은 간극이 생겨났다. 이러한 간극은 앞서 말했던 인격의 분열적 상태, 특히 그 상태가 일상적으로 표출되는 '위선'과 연관된다. 인간의 마음은 너무나도 사악 해서 우리에게 요구되는 도덕적 행동 양식과 구조를 고수하 기 위해 우리의 현재 모습과 마땅히 되어야 하는 모습 사이 의 간극을 교묘히 이용하여 선하고 올바른 모습 아래 악한 의 도를 숨기거나 심지어는 강화한다. 자기기만과 의지의 타락은 자기 자신과 인격에 아무런 변화를 주지 않은 채 율법을 형식적이고 비인격적으로 지킴으로써 하나님과 이웃 앞에서 자신을 정당화하려고 하는 것이다. 하지만 그때 우리는 우리 존재의 심연에서 작동하는 비인간화 과정을 스스로 돕고 있으며 진실하지 못하고 위선적인 인격에 자신을 몰아넣고 있다.

그러나 이것은 신적 화해의 범주를 벗어나는 상황이 아니다. 실제로 하나님의 아들이 예수 그리스도 안에서 성육신하심으로써 타락하고 비인간화된 인류의 한가운데로 오셨다. 다시 말해, 우리가 하나님과 이웃 앞에 마땅히 되어야 할 존재가 아니며 그렇게 될 수도 없고, 이기적인 목적을 위해 도덕적 의를 조작하는 우리 인간 본성의 바로 그 분열 속으로 하나님의 아들이 침투하신 것이다. 그분은 서로 관통하는 위격적 연합과 속죄하는 연합을 통해 우리의 분열된 인간 본성을 자신의 인격 안으로 모으셨고, 분열을 영속시키는 죄와 죄책감을 제거하셨으며, 인간과 하나님 그리고 하나님과 인간의 화해를 이루시고 도덕적 질서 전부를 새로운 기초 위에 세우셨다. 이것은 마땅히 되어야 할 인간이셨고 지금도 그러한 인간으로 존재하시는 예수 그리스도가 어떤 거짓이나 위선 없이 그분 안에서 구현하신 새로운 도덕적 질서이다.

예수 그리스도는 성육신적 삶의 전 과정을 통해 그분이 취하신 우리의 타락하고 비인간화된 상태의 인간성을 치유하고 성화하고 인간화하여 창조주로부터 소외된 인간을 그분과의 올바른 관계로 되돌려 놓으셨다. 이처럼 하나님과 인간 사이의 유일한 중재자이신 예수 그리스도는 성육신하신 자신의 인격 안에서 성취된 위격적이고 속죄하는 연합을 통해 우리 안에서 인류의 인간화를 위한 창조적 근원을 구성하는 인간화하는 인간(the humanising Man)이 되셨다.

이런 관점으로부터 하나님과 인간 사이의 중재자이신 예수 그리스도가 인격화하는 인격이시며 인간화하는 인간이시라는 사실에 비추어 교회론을 되돌아보면, 교회가 단순히 도덕적 근거에서 함께 모이고 공통의 윤리적 이상을 통해 외부적으로 연결된 개인들의 사회가 아닌 이유를 더욱 분명히 알 수 있다. 외부 조직이나 구조로는 사회 안에서 사람들의 인격화나 인간화를 가져올 방법이 없고, 인간의 사회적 관계를 변혁시킬 수 없기 때문이다. 이러한 변화는 그리스도의 중재를 통해 성취된 하나님과의 존재론적 화해를 통해 이루어지는 일이며, 이는 교회를 그리스도의 몸으로서 그리스도에게 결속시킨다. 그리스도와의 연합과 친교를 통해 인간 사회는 하나의 신앙 공동체, 곧 중재자의 인격 안에서 인격적 관계들이 치유되고 회복되며, 그리스도 예수의 인간화하는 사역을 통해 사람들 사이의 상호관계가 끊임없이 새로워지고 유지되는 하나의 그리스도교 공동체로 변화될 수 있다.

사람들은 하나님과 인간 사이의 유일한 중재자이신 예수

그리스도 안에서 그리고 그분을 통해 그들의 존재론적·사회적 구조 안에서 서로 화해될 수 있다. 예수 그리스도 안에서 인간의 본성은 창조주 하나님과 완전하고 불가분하게 연합되어 있기에, 예수 그리스도는 그분의 인격 안에서 모든 남자와 여자의 존재론적 근원과 근거를 구성하셨다. 그들이 자신들의 존재의 근원이 되시는 그분을 알 수도 있고 모를 수도 있지만, 예수를 믿고 영접하는 사람들은 예수 안에서 그리고 예수를 통해 성부의 자녀로 새롭게 태어날 수 있다. 동일한 메시지가 인간 사회에도 적용된다. 이는 그리스도의 몸으로서 예수 그리스도와의 연합과 친교를 통해 교회 안에서 일어나는 변화에서 비롯되는 사회구조의 변화와 쇄신에 대한 약속이 복음 안에 담겨 있기 때문이다. 그리고 인간 사회는 마침내 중재자의 인격화하고 인간화하는 현존에 의해 유지되고 중심을 이루는 사랑의 공동체로 변할 수 있게 된다.

그리스도의 중재

4장

인간성으로 응답하는 그리스도의 중재

아타나시우스는 그의 책*에서 예수 그리스도가 두 가지 사역을 행하셨다고 말했다. "그분은 인간에 대한 하나님의 사역을 행하셨고, 하나님에 대한 인간의 응답을 올려 드리셨다." 우리는 인간에 대한 사역과 하나님에 대한 응답이 하나님과 인간이신 주 예수 그리스도의 인격의 하나 됨 안에서 분리될 수 없는 전체이고, 죽음과 부활에서 절정에 이르는 그분의 대리적·성육신적 삶의 화해하는 운동 전반에 걸쳐 이루어졌으며, 승천 후 성부 앞에서 우리의 대제사장이자 대언자로서 그분이 드리는 천상의 중보기도로 이어진다고 생각해야 한다.

---

* 여기서 토렌스가 언급한 아타나시우스의 책은 *On the Incarnation*이다. 《성육신에 관하여》(죠이북스)라는 제목으로 번역되어 있다. ─옮긴이

중재자의 인격을 고찰했던 지난 장의 강조점은 성육신하신 성자의 '인류를 향한' 사역이었다. 이번 장에서는 성육신하신 성자의 '하나님을 향한' 사역을 강조할 것이다. 특히 하나님과 이스라엘의 언약 동반자 관계, 그리고 이스라엘 백성과의 역사적 상호작용과 대화 안에서 하나님이 인내와 긍휼로 이루신 이스라엘과의 호혜적 관계를 구약성서를 통해 다시 한 번 생각하는 것이 그리스도가 수행하신 하나님을 향한 사역을 이해하는 데 유익할 것이다.

우리는 일반적으로 언약을, 하나님과 아브라함 또는 하나님과 이스라엘이라는 두 대상이 맺는 행위로 생각한다. 이는 분명 언약 동반자 관계를 수립하는 과정에서 선포된 하나님의 말씀에 따른 것이다. "나는 전능한 하나님이라. 너는 내 앞에서 행하여 완전하라"(창 17:1). "나는 너희 중에 행하여 너희의 하나님이 되고 너희는 내 백성이 될 것이다"(레 26:12). "내가 거룩하니 너희도 거룩하라"(레 11:45). "나는 그의 아버지가 되고 그는 나의 아들이 될 것이다"(대상 17:13). 그러나 고려해야 할 또 다른 요소는 언약을 맺은 두 대상 사이를 중재하는 방식, 즉 **언약적 응답 방식**이다. 예를 들어, 아브라함의 아들 이삭을 대신하여 하나님이 준비하셨던 제물은 인간이 하나님께 드릴 수 있다고 생각하는 최선의 것을 대체하는 언약적 응답 방식이다. 이 방식은 시내산에서 하나님과 이스라

그리스도의 중재

엘이 맺은 언약에서 매우 분명해졌다. 하나님은 이스라엘이 언약의 규정을 이행할 수 없고 하나님 앞에서 완전하게 행할 수 없으며 하나님이 거룩하신 것처럼 거룩해질 수 없다는 것을 아셨다. 이스라엘이 하나님께 나아와 합당한 예배를 드릴 수 없다는 것도 알고 계셨다. 그러므로 하나님은 그분이 맺으시고 유지하신 언약 안에서 그리고 순전한 은혜의 일부로 이스라엘이 하나님께 응답할 수 있는 언약적 방식, 즉 그들 가운데서 그리고 그들을 대신하여 언약이 성취될 수 있는 대리적 방식을 그들에게 기꺼이 제공하심으로써 이스라엘이 용서받고 거룩해지며 세상에서의 제사장적 사명을 위해 성별될 수 있게 하셨다.

언약의 이러한 놀라운 특징은 오경의 예배 규례에서 정교하게 표현되어 있다. 제의(cult)의 양식과 예전(liturgy)의 내용은 이스라엘 백성 중 누구도 자기표현 욕구나 자연숭배 욕망을 나타내는 제물, 또는 죄를 없애거나 하나님을 달래는 수단이라고 스스로 생각한 희생제물을 가지고 하나님 앞에 나아가면 안 된다는 것을 분명히 각인시키기 위해 고안되었다. 이는 하나님을 알지 못하는 백성을 위해 고안된 예배였으며, 이를 통해 그들은 하나님을 섬기고 그분의 은혜를 받을 수 있었다. 따라서 규정되지 않은 봉헌, 언약에 없는 제물, 언약과 다른 불, 자신이 만든 향과 의식 중 어떤 것도 예배에서 사용하면 안 되었다. 하나님이 그분의 이름을 두신, 하나님과 언약 백성 사이의 만남과 증거의 장소인 성소와 그 안에서 행하도록 규정된 모든 것은 하나님만이 죄를 속죄하시고 용서하시며 그분과 이스라엘 사이에 화해를 가져오실 수 있다는 사실을 증거하기 위한 것이었다. 이런 이유에서 모든 전례와 더불어 제사장 직분 자체와 제사장이 바치는 제물, 예물, 헌물은 믿음과 순종과 경배로 드리는 언약적 응답의 대리적인 방식으로 여겨졌다. 이는 하나님이 변함없는 사랑으로 이스라엘 백성을 위해 값없이 제공하신 것이었다.

하나님과 이스라엘의 독특한 관계 속에서 제도화된 하나님의 계시와 화해 목적을 예전적으로 증거하는 제의는 토라에 명시되었고, 선지자들에 의해 지속적으로 해석되었으며, 이스라엘을 제사장적 특성과 대리적 사명을 부여받은 백성으로서 지상의 다른 나라들과 구별되게 만들었다. 그러나 이스라엘이 정해진 예배 의식을 형식적으로 준수하는 것만으로는 충분하지 않았다. 하나님과 이스라엘이 맺은 언약의 본질은 하나님의 율법이 이스라엘 백성의 마음과 생각에 새겨지는 것에 있었기에, 그들이 하나님의 말씀과 진리에 순종하지 않고 단지 심판을 피할 방법으로 성소, 제사장, 예전이라는 하나님의 선물에 기대는 것은 결코 만족스러운 행위가 될 수 없었다. 다시 말하자면, 언약적 응답 방식은 이스라엘

　　　　　　　　　　　　　　　그리스도의 중재

의 살과 피에서, 곧 그들의 내부에서 구현되어야 했다. 그것은 이스라엘의 이해 속에 스며들어 그들의 존재 자체에 새겨져야 했으며, 하나님과 이스라엘의 호혜적 관계 안에서 구축되고 이스라엘의 역사적 삶과 사명의 전체 양식을 좌우할 수 있어야 했다.

이러한 일련의 언약이 구현되고 중재되는 방식은 '주의 종'에 대한 구약성서의 개념에 지배적인 영향을 끼쳤다. 특히 이사야서의 예언에서는 모세와 아론의 중재자적·제사장적 모습과 죄를 짊어지는 대속자와 그의 희생 개념이 결합되어 하나님 백성의 구속을 이루는 주의 종의 중재적이고 대리적인 역할에 대한 해석적 단서를 제공했다. 주의 종은 제의에 담긴 신적으로 제공된 응답 방식이 이스라엘의 살과 피 안에서 인격화되어 실현된 것으로서 제의가 표현할 수 있는 것보다 훨씬 더 많은 것을 나타냈다. 중재자와 희생, 제사장과 희생양이 단번에 대표적이고 대속적인 형태로, 또한 공동체적이고 개인적인 형태로 결합되고 성취되는 메시아적 역할이 주의 종에게서 분명하게 예견되었다. 선지자가 주의 종에 대한 자신의 비전을 구체화하는 과정에서 다소 놀라운 사실이 드러났다. 그는 이스라엘과 동일시되는 주의 종(*ebed Jahweh, the servant of the Lord*)과 이스라엘의 거룩한 자인 구속자(*goel, Redeemer*)를 동일한 맥락 속에서 반복적으로 말했고, 이로써 주의 종과 구속자는 둘 사이에 미묘한 개념적 차이가 있음에도 불구하고 선지자의 예언 안에서 한 곳으로 모여졌다. 선지자는 주의 종이 구속자로서 이스라엘과의 긴밀한 언약적 친족 관계에 자신을 묶고, 그들의 고통과 괴로움을 짊어져 자신의 것으로 삼아 그들을 구속하시는 '주님 자신'이라는 것을 말하고 싶었던 것 같다. 물론 주의 종과 이스라엘의 거룩한 자가 동일시되었다면 그것은 성육신의 상황을 암시했을 것이다. 그렇지만 구약성서의 복음서라고 불리는 제2 이사야서(the second Isaiah)는 그 둘을 실제로 동일시하지 않으면서도 서로 밀접하게 연결시켜 냈다.

우리는 신약성서에서 예수 그리스도가 자기 백성, 곧 이스라엘만이 아닌 온 세상의 불법과 죄와 허물을 짊어지고 없애기 위해 오신 주의 종이자 구속자로서 인정되었고 제시되었음을 발견한다. 이것은 복음의 본질로 여겨지는 예수 그리스도의 정체성이었다. 성육신하신 성부의 아들 예수 그리스도는 제사장이자 희생양으로서 모든 의를 이루기 위하여 보냄을 받으셨으며, 죄를 속죄하는 자기봉헌을 통해 우주적인 차원의 새 언약을 중재하여 우리를 그분 안에서 영원히 구속되고 성화되고 온전하게 된 자로서 성부에게 보이셨다. 다시 말해, 예수 그리스도는 구약의 옛 언약 아래 약속된 하나님에 대한 인간의 대리적 응답 방식을 그분 자신의 성별된 인간성

그리스도의 중재

안에서 성취하셨다. 그리고 이제 단번에 제공된 그분의 속죄하는 자기희생으로 인해 그것은 모든 인류가 참여할 수 있는 응답 방식이 되었다.

이러한 관점에서 우리는 하나님에서 인간으로, 인간에서 하나님으로 향하는 예수 그리스도의 이중적 사역을 이해할 수 있다. 성서적 표현을 빌리자면, 그분은 하나님과 인간, 두 측면 모두에서 언약을 성취하셨다. "나는 너희의 하나님이 되고 너희는 내 백성이 될 것이다"(레 26:12). "내가 거룩하니 너희도 거룩하라"(레 11:45). "나는 너희에게 아버지가 되고 너희는 내게 자녀가 되리라"(고후 6:18). 이 장에서 우리의 주된 관심사는 그리스도의 몸과 피, 다시 말해 인류를 향한 하나님의 무조건적 자기수여로 인간 편으로부터 성부를 향해 계신 그리스도 안에서 이루어진 그 언약의 성취에 있다. 이와 관련하여 다음의 세 가지 요소, 곧 하나님과 인류 또는 하나님과 그분의 백성, 언약적 동반자 관계의 두 대상, 그리고 하나님과 인간이라는 양극성 안에서 가장 중요한 중재적 요소인 예수의 **대리적 인간성**(the vicarious humanity)을 고찰할 것이다. 이런 측면에서 계시와 화해의 중재를 더 자세히 살펴볼 필요가 있다.

계시

우리가 하나님과 이스라엘의 역사적 만남에서 기억하는 것
은 하나님이 인류에게 자신을 나타내기 위한 자기계시의 적
합한 그릇으로 또는 계시의 수신자로 이스라엘을 선택하시
고 빚으셨다는 사실이다. 이스라엘의 국가적·사회적·종교
적 현실의 모든 변화 속에서 하나님의 말씀(the Word of God)은
모세, 엘리야, 예레미야와 같은 주의 종들을 통해 때로는 정
련하는 불로, 때로는 바위를 깨뜨리는 망치로, 때로는 세미한
음성으로 이스라엘에게 임했다. 그러나 그분의 말씀 안에 계
신 하나님의 거룩한 임재는 이스라엘 백성의 심연에 하나님
의 진리를 새겨 넣었고, 그 결과 그들과 하나님과의 모든 관
계는 순종과 불순종, 신실함과 불성실함 사이의 갈등 속에서
심화되었다. 하나님이 그분과 이스라엘 사이에서 유지하셨
던 지속적이고 점진적인 상호관계를 통해 이스라엘에게 전
달된 하나님의 말씀은 그 목적을 이루지 못한 채 하나님께로
되돌아가지 않았다. 하나님의 말씀은 말씀에 수용되고 정화
되고 동화되는 응답을 이끌어 내는 창조적인 방식으로 그 백
성의 마음과 뜻을 사로잡았으며, 이스라엘의 생각과 삶과 예
배에 점점 더 깊숙이 침투하여 인류를 위한 신적 계시의 전
달자로 만들었기 때문이다.

그리스도의 중재

이것은 하나님의 말씀(the Word of God)이 성육신을 통해 예수 그리스도 안에서 절정에 이른 하나님의 자기계시의 운동이며, 그 말씀은 이스라엘과 인류 안에서, 그리고 인간에 대한 하나님 말씀의 인격적 전달과 하나님 말씀에 대한 인간의 인격적 응답을 자신 안에 구현한 특정한 인간의 가시적이고 실재적인 형태 안에서 실현되었다. 예수 안에서 하나님의 말씀은 진리와 빛으로 찬란한 인간의 삶의 모습으로 바뀌었으며, 예수와의 친교를 통해 알려지고 이해되는 생명의 말씀이 되었다. 그리고 하나님께 응답할 수 있는 길이 예수 안에서 인류에게 주어졌다. 이는 인간의 존재론적 심연에서부터 그리고 예수 자신의 것으로서 응답하는 길이며, 또한 모든 사람이 예수와의 교제를 통해 자유롭게 참여할 수 있는 길이다. 따라서 예수 안에서 하나님에 대한 인간의 궁극적인 응답은 우리를 위한 그분의 속죄하는 자기봉헌을 통해 받아들여지고 정화되었으며, 인류에 대한 완전한 하나님의 자기소통이신 하나님의 말씀(the Word of God) 안에 통합되었다. 예수 안에서 하나님의 말씀은 우리 모두에게 열려 있으며, 예수 그리스도의 성령을 통해 우리 모두가 참여할 수 있는 하나님에 대한 언약적 응답 방식이 되셨다.

이러한 사실에는 매우 큰 함의가 담겨 있으며 그중 일부를 추후에 살펴볼 것이지만, 지금 이 시점에서 우리는 신약성서의 계시가 지닌 진정한 본문이 **예수의 인간성**(the humanity of Jesus)이라는 사실에 주목해야 한다. 우리가 구약성서와 신약성서를 읽으며 하나님의 말씀을 들을 때, 성서의 실제 본문이 되는 것은 오경과 시편과 선지서 또는 복음서와 서신서가 아니라, 성서 안에서 그리고 성서를 통해 나타나신 하나님의 말씀(the Word of God) 그 자체이다. 하나님의 말씀은 성육신하기까지 이스라엘의 반항적인 인간 존재와 투쟁하셨으며, 예수 안에서 인간의 살과 피와 마음과 삶의 모습으로 바뀌었다.

예수 안에서 우리는 인간이 되신 하나님의 말씀과 우리를 대신하여 하나님께 올려 드린 인간의 완전한 응답 모두를 발견한다. 이처럼 예수는 우리에게 주어진 하나님의 말씀의 실제 본문이시면서 하나님께 드리는 인간의 말에 대한 실제 본문이시다. 우리에게는 예수 그리스도라는 말과 언어 외에 하나님께 드릴 수 있는 말과 언어가 없다. 예수 안에서 우리의 인간 본성과 이해와 말은 그분의 것이 되어 정화되고 성화되며 우리를 위해 그리고 우리 자신의 것으로서 성부께 드려진다. 이렇게 예수 안에서 정화되고 성화되어 드려지는 우리를 위한, 우리 자신의 것으로 만들어진 그 말이 바로 하나님이 기뻐하시는 인간의 말이다.

그리스도의 중재

화해

"나는 그의 아버지가 되고 그는 나의 자녀가 되리라"는 하나님의 언약이 이루어진다면, 그것은 무엇보다도 하나님과 인간 또는 인간과 하나님의 화해가 아버지와 아들 또는 아들과 아버지의 관계의 관점에서 성취되는 것으로 볼 수 있다. 성육신과 함께 성자의 아들 되심은 우리 인간 존재와의 상호 인격적이고 가족적인 구조 안으로 통합되었다. 예수 그리스도 안에서 성자는 하나님의 자녀로서의 권리를 상실한 인간 존재 안으로 들어와 하나님의 가족공동체에 속한 아들과 딸로서 우리의 인격적이며 상호 인격적인 존재를 구성하는 관계의 구조에 침투하셨다.

우리는 하나님과의 관계를 더럽히고 왜곡하고 뒤틀어서 성부에 대한 자녀 관계를 표현하지 못했고, 오히려 하나님과 이웃으로부터 소외된 자기중심적인 모습을 표출함으로써 본래 창조된 모습, 곧 하나님의 형상에 대한 진리를 거짓으로 바꾸어 놓았다. 그러나 성자는 소외되고 순종하지 못하는 인간 존재의 상황 속으로 들어가셔서 모든 것을 그분 자신의 것으로 취하셨고, 그분의 인간성 안에서 또한 성부에 대한 그분의 사랑과 순종 안에서 그것을 원상태로 회복시키셨다. 이것이 바로 예수 그리스도가 우리를 위해 이루신 화해이다.

앞서 보았듯이, 주의 종이자 하나님의 아들로서 예수 그리스도는 순종의 모든 과정에서 그리고 무엇보다 십자가에서의 속죄하는 희생을 통해 우리를 위한 화해를 성취하셨다. 그분은 하나님으로부터 스스로 멀어져 포로 된 현실 곧 인간의 죽음에까지 침투하셨고, 우리가 그 두려운 어둠과 소외의 깊은 곳으로부터 예수와 함께 '우리 아버지'라고 외칠 수 있도록 모든 것을 뒤엎으셨다. 우리는 겟세마네에서 장차 마실 고난의 잔을 놓고 성부에게 드렸던 고뇌에 찬 예수의 기도에서 예수가 우리를 위해 행하신 일을 듣게 된다. "아버지여, 만일 아버지의 뜻이거든 이 잔을 내게서 옮기시옵소서. 그러나 내 뜻대로 마시옵고 아버지의 원대로 되기를 원하나이다"(눅 22:42).

"내 뜻대로 마시옵고…." 예수는 당신의 뜻과 나의 뜻, 즉 우리 인간의 자기의지를 겟세마네에서의 고뇌의 기도 속에서 아버지의 뜻에 전적으로 순종하여 내려놓고 굽히셨다. 그리고 십자가에서 아버지의 뜻을 끝까지 이루셨다. 이에 대한 성부의 대답은 예수 그리스도의 부활로 분명하게 밝혀졌는데, 이는 예수가 세례를 받으실 때 주신 말씀을 확증하는 것이었다. "이는 내 사랑하는 아들이요 내 기뻐하는 자라"(마 3:17).

우리는 성육신에서부터 십자가에 이르는 예수의 전 생애

와 사역을 하나님이 우리를 위해 값없이, 무조건적으로 제공하신 그분에 대한 인간의 대리적 응답으로 생각해야 한다. 그 응답은 예수가 우리의 외부에서 또는 어떤 외적 거래를 통해 주신 응답이 아니라, 우리 인간의 존재와 삶의 깊은 곳으로부터 그리고 우리 자신의 것으로서 만들어 주신 응답이다. 그 것은 말로만 하는 응답이 아니라 행동으로 드리는 응답이며, 우리가 모방할 수 있지만 상징적인 의미에 지나지 않는 그저 모범적인 사건의 형태가 아닌 살과 피에서, 곧 인간의 존재와 행위 안에서 실현되고 영원히 유효한 하나님에 대한 최종적인 응답의 형태이다. 예수 그리스도는 하나님에 대한 우리 인간의 응답이다. 따라서 우리는 성부께 영원히 자신을 보이시는 우리의 대제사장 예수 그리스도와 불가분하게 연합된 자로 하나님 앞에 나아가고 그분께 받아들여진다.

하나님에 대한 우리 인간의 응답과 관련한 예수의 중재가 지닌 근본적인 특징은 대표(representation)와 대속(substitution)의 개념을 서로 연관 지어 생각할 때 명확해질 수 있다. 먼저 그리스도가 우리를 위해 행하신 일을 단지 대표의 관점에서만 생각하는 것은 부적절한데, 이는 예수가 우리의 응답을 대표하거나 상징한다는 의미, 즉 예수가 하나님께 응답하는 인간의 행위에서만 대표자라는 것을 암시하기 때문이다. 반면에 예수가 단지 외적이고 형식적인 또는 법정적인 방식으로 우리를 대신하여 행동하는 우리와 분리된 대속자라면, 그분의 응답은 우리에게 존재론적인 영향을 전혀 줄 수 없는 공허한 일이 될 것이다. 이렇게 예수의 대리적 중재에 대한 형식적인 대표나 대속의 개념은 실제적인 구원의 의미를 갖지 못한다. 그러나 하나님의 아들이 실제로 우리의 죄와 죄책감을 자신의 것으로 삼으신 성육신적 연합 안에서 대표와 대속의 개념이 결합되고 상호침투한다면, 우리는 인간의 존재론적 깊이에서 우리를 대표하고 대신하며 위하시는 그리스도의 대리적 인간성에 대해 더 깊고 진실한 이해를 가질 수 있다.

예수의 중재를 바르게 이해하기 위한 그분의 대리적 인간성이 지닌 중요성은 대속의 개념에 대한 자유주의 신학과 근본주의 신학의 반응을 살펴보면 알 수 있다. 자유주의 신학은 대속의 개념을 거부하며 역사적 예수에 집중하는 경향을 보인다. 앞서 언급했듯이 이 과정에서 중요한 것은 예수 자신이 아닌 그분이 상징하는 것의 의미이기에 예수의 인간성에 대한 구원론적 강조는 자유주의 신학에서 발견하기 어렵다. 반면에 근본주의 신학은 대속의 개념을 쉽게 받아들이고 예수 그리스도를 통한 하나님의 구원 사역에 집중하지만 성육신을 속죄와 내적으로 관련이 없는, 단지 속죄를 이루는 수단으로서 생각하기에 여기서도 예수의 인간성은 간과된다. 그러나 예수 그리스도의 인간성과 대속이 연결되어 있다는 사실을 이해할 때, 자유주의자와 근본주의자 모두는 충격을 받게 된다. 왜냐하면 예수 그리스도가 **인간으로서** 우리를 위해 우리를 대신하여 행동하시며, 틀림없이 **인간으로서** 하나님 자신이 성육신 안에서 우리에게 오셨다는 생각을 조금도 어렵지 않게 수용할 수 있기 때문이다. 이 지점에서 복음은 좌우의 날선 검처럼 우리의 선입견을 잘라 마음에 상처를 내는 것처럼 보인다.

이제 다음 부분에서는 하나님에 대한 우리 인간의 응답을 중재하시는 예수의 대리적 인간성이 믿음, 회심, 예배, 성례, 복음전도에서 일어나는 우리의 행위와 관련해 어떤 의미를 갖는지 설명할 것이다.

(1) 믿음

우리는 믿음을 우리가 소유한 어떤 것 또는 관여하는 행위로서, 그리고 우리 자신의 활동으로서 생각하는 데 익숙해져 있다. 물론 이런 생각은 구원받기 위해 회개하고 믿으라는 복음서의 요청이나, 예수가 어떤 사람에게는 그의 믿음이 그를 구원했다고 말씀하시고 어떤 사람에게는 믿음이 부족하다고 꾸짖으셨던 그분의 말씀에 비추어 볼 때 옳은 생각일 수 있다. 그러나 믿음 또는 신앙을 우리 자신에게 기반을 두고 행하는 자율적이고 독립적인 인간의 행위로 생각한다면,

이때 우리는 믿음을 오해하는 것이다. 왜냐하면 믿음에 대한 성서적 개념은 이와는 전혀 다르기 때문이다.

구약성서에서 믿음의 개념은 하나님과 인간 사이의 호혜성, 그리고 무엇보다 하나님이 이루신 호혜의 공동체, 다시 말해 하나님의 신실하심과 이에 응답하는 인간의 신실함 사이의 양극성(polarity)과 관련이 있다. 하나님의 신실하심은 변함없는 사랑과 진리의 언약 관계 속에서 이스라엘 백성의 흔들리는 응답을 둘러싸고 붙들어 준다.

앞서 호세아서를 통해 살펴본 바와 같이, 하나님은 자기 백성의 패역과 불신앙에도 그들을 버리지 않으실 것이고 그분의 신실하심을 닮은 응답하는 인간의 변함없는 신실함이 그들 가운데서 일어날 때까지 이스라엘을 놓지 않고 붙잡아 주신다. 그것이 이스라엘과의 언약 동반자 관계를 통해 드러난 하나님의 근본적이고 전적으로 변함없는 신실하심이다. 그들의 신성한 예배 양식이 지속적으로 증언하는 것처럼 이스라엘의 모든 구속은 이러한 하나님의 신실하심에 놓여 있다. 하나님은 그분의 신실하신 품안에서 언약 백성 개개인의 신앙을 불러일으키셨고 양육하셨다. 이와 같은 사실을 욥기와 시편은 분명하게 증언하고 있다.

믿음에 대한 신약성서의 개념은 구약의 개념과 근본적으로 다르지 않지만 성육신을 통하여 매우 인격화된 특징을 지닌다. 우리는 예수를 하나님의 신실하심과 인간의 불신앙 사이에 틈입하여 하나님의 신실하심을 실현하신 분으로 생각해야 하며, 인간이 하나님의 신실하심에 온전히 응답할 수 있도록 성육신하신 그분의 신실하심 안에서 인간의 신실함을 회복시키신 분으로 생각해야 한다. 따라서 예수는 하나님을 믿고 신뢰하도록 부름받은 인간의 실제 상황 속으로 들어와 우리의 불신앙의 깊은 곳으로부터 우리를 위해 우리를 대신하여 행동하시고, 우리와 나눌 수 있는 인간의 온전한 신실함을 값없이 주신다. 예수는 하나님과 인간 사이의 중재자로서, 정확히는 우리가 인간으로서 행동하고 성부를 믿고 신뢰하도록 부름받은 모든 자리에서 우리를 대신하고 우리와 연합된 **인간으로서** 그 일을 행하신다. 그렇기에 믿음과 신뢰와 신앙을 하나님 앞에서 행하는 인간 활동의 한 형태로 생각한다면, 그때 우리는 우리의 자리에서 우리를 대신하여 성부를 믿고 신뢰하며 신앙을 가지셨던 예수 그리스도를 깊이 생각해야 한다.

물론 믿음에 대한 이러한 이해는 개인의 완전성과 자유를 강조하는 서구 문화권의 사람들에게 수용되기 어려운 문제이다. 이는 그들이 믿음을 우리 자신의 행위로서 해석하는 경향이 있기 때문인데, 개별 신자의 믿음을 강조하는 소위 '신자의 세례'(believer's baptism)는 이런 경향에 대한 하나의 예라고 할 수 있다. 수년 전 어린 딸에게 걸음마를 가르칠 때, 나는 우리 인간의 믿음이 예수 그리스도의 믿음에 관련되고 그분의 신실하심에 사로잡히는 경이로운 방식을 생각한 적이 있다. 내 손을 꽉 잡고 있던 딸의 작고 연약한 손가락의 감촉이 지금도 생생하다. 걸음마를 배우는 과정에서 딸은 내 손을 잡은 자신의 연약한 손이 아니라 자신의 손을 감싸고 강하게 움켜쥔 내 손을 의지했다.

이것은 예수 그리스도 안에서 실현된 하나님의 신실하심이 우리의 연약하고 흔들리는 믿음을 붙잡고 그분의 손안에서 굳건히 세우는 방식과 틀림없이 동일하다. 이에 대한 주님의 비유의 말씀을 다시 경청해 보자. "내 양들은 내 음성을 듣는다. 나는 그들을 알고 그들은 나를 따른다. 내가 그들에게 영생을 주노니 영원히 멸망하지 아니할 것이요, 또 어느 누구도 그들을 내 손에서 빼앗을 수 없을 것이다. 그들을 내게 주신 내 아버지는 만유보다 위대하시고, 아무도 아버지의 손에서 그들을 빼앗을 수 없다. 나와 아버지는 하나이다"(요 10:27-30).

우리는 베드로의 불신앙에도 불구하고 그를 붙잡고 놓아주지 않으셨던 예수와 그의 관계를 통해 하나님의 신실하심이 우리의 연약하고 흔들리는 믿음을 어떻게 붙드는지 알 수 있다. 예수는 죄 사함을 위한 새 언약을 그분의 몸과 피로 맺

　　　　　　　　　　　　　그리스도의 중재

으신 최후의 만찬에서 베드로에게 세 번이나 자신을 부인할 것이라고 말씀한 후에 "내가 너를 위하여 네 믿음이 떨어지지 않기를 기도하였다"(눅 22:32)고 첨언하셨다. 물론 베드로의 믿음은 무너졌지만, 그 두려운 실패를 통해 그의 믿음은 예수의 변함없는 신실하심의 품속에서 회복되었고, 견고해졌고, 굳건해졌다. 이러한 믿음의 반석 위에 교회는 세워졌다.

이처럼 구약성서와 신약성서에서 사람들의 믿음은 하나님과 인류의 양극적 관계 안에서 발견된다. 복음서에서 그 관계는 우리가 인간의 짐을 짊어진 예수와 연합되고 그분의 대리적 믿음과 신실하심에 참여하는 방식으로 구현된다. 성육신에서 일어난 위격적 연합과 속죄하는 연합을 통해 우리의 믿음은 예수 그리스도의 믿음과 관련되며, 예수와의 이 관련성을 통해 우리의 믿음은 비인격화되거나 비인간화되지 않고 하나님 앞에 자유롭고 자발적인 우리 자신의 인간적인 삶에서 흘러나오는 믿음으로 만들어진다. 칼뱅이 말한 대로, 인간의 믿음은 그 자체로만 보면 빈 그릇에 불과하다. 믿음 안에서 우리가 의지하는 것은 오직 그리스도의 신실하심이기 때문이며, 우리가 그리스도를 의지하는 방법조차도 그리스도의 변함없는 신실하심에 의해 유지되고 뒷받침되기 때문이다. 따라서 우리가 고백하는 믿음이란 성부를 온전히 신뢰하고 믿는 삶과 죽음 안에서 우리를 사랑하시고 우리를 위해

자신을 내어 주신 **그리스도 예수의 믿음**(the faith of Christ Jesus)
이다. 우리의 믿음은 "믿음의 주요 또 온전하게 하시는 이"(히
12:2), 즉 믿음의 전부가 되시는 예수 그리스도에게 전적으로
근거를 두고 있다.

(2) 회심

복음은 우리에게 회개하고 믿고 십자가를 지고 그리스도
를 따르라고, 우리가 흔히 말하듯이 그리스도를 나의 주님과
구세주로 고백하기를 개인적으로 결단하라고 촉구한다. 하
나님을 향한 인간의 응답에서 어느 누구도 우리를 대신할 수
없기에 복음에 대한 응답은 우리 각자가 해야 할 일이지만,
분명 예수는 우리를 대신하여 인간의 궁극적인 응답을 성부
에게 올려 드리셨다. 우리가 하나님에 대한 응답에서 예수의
대리적 행위를 받아들이지 않는다면, 우리를 위한 예수의 대
속은 전체가 아닌 일부분에서만 이해될 것이고 결국 구원의
의미는 공허하게 될 것이다.

이제 그 전부가 속죄하는 사역으로 밝혀진 예수의 성육신
적 삶을 다시 한번 살펴보면서 이것을 탕자의 비유에 비추어
생각해 보자. 예수가 하신 일은 아버지로부터 멀리 떠나 먼
나라로 도망가던 우리의 소외된 인간 본성 안에서 우리와 하
나가 되신 것이다. 또한 그분과의 연합을 통해 우리의 인간성

을 변화시키고 그것의 방향을 바꾸어 성부 하나님에 대한 순종과 믿음과 사랑으로 향하게 하신 것이다. 우리의 죄를 짊어지는 하나님의 어린양으로 오신 예수는 그저 표면적인 법정적 방식이 아니라, 우리의 죄를 자신의 영혼에 지고 희생제물이 되신 방식으로 그분의 사명을 이루셨다. 물론 심오한 법정적 요소들이 포함되기는 했지만, 예수는 근본적으로 외적인 방식이 아닌 내적인 방식으로, 즉 그분의 성육신적 삶 안에서 그리고 그 삶을 통해 대속의 사명을 성취하셨다. 그렇기에 복음서는 죄 없으신 예수가 요한이 베푼 '회개의 세례'를 받으셨다고 증언한다. 다시 말해, 예수가 받으신 세례는 우리를 위한 대리적 회개의 세례였고, 그분이 채찍에 맞고 고난당하신 십자가에서 인간의 궁극적인 회개가 온전히 이루어졌으며, 이로써 우리는 나음을 얻게 되었다.

예수는 하나님과 소외되고 원수된 우리 인간의 영혼과 마음의 내부로 들어와 우리를 붙드셨고, 근본적이고 완전한 회개를 통해 인간의 존재를 그 심연으로부터 변화시키셨다. 이것은 바울이 말한 바 인간의 육신적 마음을 재구성하는 회개이며 영적인 마음으로의 변화이다. 타락한 존재로서 우리는 우리의 자유의지가 곧 우리의 자기의지이기 때문에 자유의지를 통해 자기의지에서 벗어나는 것은 불가능하다. 마찬가지로 우리의 마음에는 죄가 너무 깊이 박혀 있어서 하나님

앞에 회개할 수도 없고 온전한 회개를 드릴 수도 없다. 그러
나 예수는 죄악된 회개를 드리는 우리를 붙드셨고 그분의 거
룩한 대리적 회개를 통해 우리의 모든 것을 돌이키셨다. 예수
는 몸과 마음과 영혼으로 하나님의 의로운 심판을 짊어지셨
고 우리의 인간 본성을 온전한 몸과 마음과 영혼으로 소생시
키셨다. 그리하여 모든 피조물보다 먼저 나신 예수는 죽은 자
들 가운데 먼저 나신 분이 되셨고 교회의 머리가 되셨다.

　신약성서가 현대 복음주의 신학에서 흔히 사용되는 거듭
남 또는 중생이라는 용어를 인간의 마음속에서 일어나는 변
화를 지칭할 때 사용하지 않는다는 것은 시사하는 바가 크
다. 신약성서에서 거듭남은 성육신 안에서 그리고 성육신을
통해 일어난 그 위대한 변화와 예수 그리스도가 산 자와 죽
은 자를 심판하시고 만물을 새롭게 하실 때 일어나는 세상의
최종적인 변화에 대해서만 사용된다. 다시 말해, 신약성서는
거듭남을 예수 그리스도 그분 자신과 전적으로 결부되어 있
는 사건으로 증언한다.

　스코틀랜드 장로교회 총회장으로 취임한 첫 주에 나는 총
회의 게일어 예배를 집례했다. 예배를 마친 후 북부 고산지
대인 하이랜드에서 온 한 사람이 내게 다가와 거듭난 사람인
지 물었고, 그렇다고 대답하자 그는 언제 거듭났는지 되물었
다. 나는 예수 그리스도가 동정녀 마리아에게서 나시고 죽은

자들 가운데 먼저 나신 분으로 무덤에서 부활하셨을 때 내가 거듭났다고 말했는데, 그 순간 나를 보던 그의 얼굴이 아직도 기억에 생생하다. 그는 내가 한 말에 대해 설명을 요청했고 나는 이렇게 말했다. "지금 당신이 보고 있는 이 토마스 토렌스는 타락과 부패로 가득한 사람이지만, 예수 그리스도 안에 숨겨진 참된 내 모습은 그분이 재림하실 때 밝히 드러날 것입니다. 그리스도는 성육신 안에서 나의 타락한 인간성을 자신의 것으로 삼아 성화하고 정결하게 하고 구속하셨으며, 그분의 죽음과 부활을 통해 새로운 생명을 주셨습니다."

우리의 새 생명과 거듭남과 회심은 예수 그리스도 안에서 일어난 **그리스도 자신의 사건**이다. 그렇기에 인간의 회심이나 거듭남은 예수가 우리를 위해 그분 안에서 그리고 그분을 통해 이루신 인간성의 회심 또는 거듭남으로의 참여를 의미한다. 따라서 깊고 올바른 의미에서 우리는 예수 그리스도가 그분 자신 안에서 회심의 실체를 구성하시며, 우리의 회개와 결단의 행위에서도 예수 그리스도가 우리를 대신하신다고 말하고 생각해야만 한다. 예수 그리스도가 없는 우리의 모든 회개와 회심은 헛되고 공허하기 때문이다. 이처럼 진정한 복음적 의미에서 회심은 우리 자신으로부터 그리스도로 향하는 전환이기에 우리의 왜곡된 회심 개념은 그리스도 예수 자신 안에 근거되고 유지되는 회심 개념으로 전환되어야 한다.

(3) 예배

예배와 관련한 예수의 대리적 행위를 이해하려면 우리는 하나님과 이스라엘 사이에 맺어진 시내산 언약과 그 언약에서 제정된 예배의 본질과 양식을 기억해야 한다. 언약에서 제정된 예전 양식은 물론 대속죄일에 대제사장이 언약의 갱신을 위해 성소에서 지성소로 나아가는 성막의 구조까지도 시내산에서의 중재 사건, 즉 시내산에 오른 모세가 이스라엘을 대신해 기도하여 그들에게 하나님의 샬롬이 임했던 하나님과 이스라엘 사이의 중재 사건과 관련 있다고 볼 수 있다. 그러나 이미 언급했듯이 언약의 모든 것은 하나님의 구원과 화해에 대한 예전적 증거의 형태 안에서 해석되었다. 그렇기에 구약의 예전은 하나님과 하나님의 백성의 관계를 새롭고 최종적으로 수립할 새 언약을 중재하는 주의 종과 그분을 통해 일어나게 될 미래의 메시아적 성취를 훨씬 앞서 가리키도록 고안되었다.

새 언약은 하나님의 아들의 성육신과 자기주심에서 성취되었고, 예수 그리스도는 하나님에 대한 인간의 응답을 그분 안에서 대리적인 형태로 구현하셨다. 그리하여 하나님에 대한 인간의 모든 예배와 기도는 예수 그리스도에게 근거를 두고 있다. 요컨대 성부에게 자신을 봉헌하신 예수 그리스도는 지극히 인격화된 형태 안에서 우리의 예배와 기도가 되시기에 우리는 오직 그리스도를 통해, 그리스도와 함께, 그리스도 안에서 그분이 우리의 자리에서 우리를 대신하여 단번에 이루신 것들로 가득한 믿음의 손을 가지고 하나님께 나아갈 수 있다.

이러한 관점에서 기도는 하나님과 인류의 언약적 동반자 관계와 호혜적 관계 안에서 이루어지며, 그리스도인의 기도는 예수 그리스도가 성육신을 통해 중재자로서 이러한 관계 안으로 들어오셨다는 사실에 근거해 생각해야 한다. 예수 그리스도는 자신 안에서 하나님과 인간, 인간과 하나님을 화목하게 하시고, 우리가 드리는 기도의 자리에서 우리의 기도로서 자신을 성부에게 드리시는 분이다. 그분은 말이나 행위가 아닌 자신의 인격적 존재로 인해 우리의 기도가 되신다. 하나님은 예수 그리스도 안에서 우리에게 인격적 존재의 형태로 말씀하셨을 뿐만 아니라, 예수 그리스도 안에서 기도, 곧 우리를 대신하여 성부에게 올려 드린 예수 그리스도의 자기드림과 자기봉헌이라는 기도를 우리에게 주셨다. 이처럼 예수 그리스도는 우리가 성부에게 드리는 기도의 자리에 서서 우리를 대신하는 분이기에, 그분은 우리와 연합된 인간성의 깊은 곳에서부터 성부에게 자신을 봉헌하며 이렇게 기도하셨다. "하늘에 계신 우리 아버지여, 이름이 거룩히 여김을 받으시오며 나라가 임하시오며 뜻이 하늘에서 이루어진 것같이 땅에서도 이루어지이다"(마 6:9-10). 다시 말해, 우리의 모든 기도가 부정하여 성부에게 합당한 기도를 드릴 수 없을 때, 예수 그리스도는 우리의 자리에서 성부에게 드린 그분의 기도를 우리 입안에 넣어 주셨다. 우리는 그리스도를 통해, 그리스도와 함께, 그리스도 안에서 성부에게 기도할 수 있고, 그분의 '사랑하는 아들, 기뻐하는 자'로서 받아들여질 수 있다.

그러므로 우리는 우리 자신의 이름이 아닌 오직 예수 그리스도의 이름으로만 하나님 앞에서 예배하고 기도한다. 예배와 기도는 우리 자신을 표현하는 행위가 아니라 성부 앞에서 그분의 사랑하는 아들을 의지하고, 그분의 속죄하는 희생을 피난처로 삼으며, 그것을 우리의 유일한 간구로 삼는 행위이기 때문이다.

빈손으로 앞에 가
십자가를 붙드네.

예수 그리스도는 대표적이고 대속적인 방식으로 우리의 자리에서 우리를 대신하는 예배와 기도를 드리셨으며, 우리를 위한 그분의 대리적 행위는 우리 자신으로부터 자유롭고 자발적으로 나오는 우리 자신의 행위로 여겨진다. 성육신과 속죄하는 연합에서 예수 그리스도는 화해하고 성화하는 방식으로 우리와 연합을 이루셨다. 그분은 우리의 흔들리고 부정한 예배와 기도 속에 침투하여 그것을 자신에게 모으셨고 성부에 대한 자기봉헌에 동화시키셨다. 그래서 예수 그리스도가 피조물의 온전한 예배와 기도로서 자신을 성부에게 드리실 때, 우리의 예배와 기도 또한 그 안에서 함께 드려진다. 그리고 성부가 예수 그리스도 안에서 우리를 용납하신다면, 그때 누가 예수의 예배와 기도 그리고 우리의 예배와 기도를 구별할 수 있을까? 예수와 우리의 예배와 기도는 하나이고 동일하며, 온전히 예수의 것이고 예수 안에서 온전히 우리의 것이다.

예수 그리스도는 성부의 사랑에 응답하는 우리의 대리적 예배와 기도가 되시기에 우리는 사적이든 공적이든, 비공식적이든 공식적이든 모든 예배와 기도에서 예수의 대리적 행위를 의지해 하나님 앞에 나아간다. 봉헌자와 예물이 그분 안에서 하나이고 동일하며, 인간과 하나님이 그분 안에서 불가분의 관계로 연합된 중재자 예수의 현존 가운데서 기도하고 예배할 때, 우리는 우리가 드릴 수 없는 온전한 기도와 예배를 예수와 함께 드릴 수 있다.

하루의 끝자락에서 무릎을 꿇고 기도를 드릴 때, 나는 성부에게 드릴 수 있는 나 자신의 어떤 기도도 그분에게 합당하지 않고 그분에게 도움이 될 수 없다는 사실을 절실히 깨닫는다. 그렇기에 나의 기도는 오직 예수 그리스도의 이름으로, 그분의 대리적 기도에 의지하여 드려진다. 완전한 평화와 기쁨으로 나는 예수 그리스도를 통해, 그분과 함께, 그분 안에서 성부에게 기도하도록 주어진 주기도문을 올려 드린다. 주기도문을 드릴 때 나의 가련하고 흔들리고 죄 많은 기도는 땅에 떨어지지 않고 모아져 거룩하고 영원히 승리하는 기도로 성부께 올려지기 때문이다. 동시에 나는 성부가 예수의 이름과 그분의 대리적 인간성을 통해 중재된 아들의 영을 우리 마음에 파송하여 하나님을 '아바, 아버지'라고 부를 수 있게 하신다는 약속을 기억한다. 그래서 하나님의 독생자이신 예수 그리스도의 이름으로 기도할 때면 나는 성부와 성자의 영원하신 성령의 말할 수 없는 중보 안에서 내 모든 연약함이 붙들려 있고, 하늘이나 땅이나 현세와 내세의 그 무엇도 하나님의 사랑에서 우리를 끊을 수 없다는 사실을 확신하게 된다.

(4) 성례

거룩한 성례인 세례와 성찬은 복음 선포에 대한 인간의 응답 행위이며, 예수 그리스도 안에서 성육신하신 하나님의 말씀에 대한 극적인 응답이다. 이것은 분명 사실이지만 무엇보다 세례와 성찬은 근본적으로 대리적인 응답과 순종의 방식이다. 우리는 구약성서에 묘사된 예배의 형식과 순서에서

그리스도의 중재

이스라엘 백성들이 스스로 선택한 제물이나 희생제물 또는 스스로 고안한 전례로 하나님 앞에 나아갈 수 없었음을 기억한다. 모든 구약의 의식은 처음부터 끝까지 하나님에 의해 제정되었으며, 하나님이 그들에게 예배와 기도로 응답하는 방법을 마련해 주신 것으로 본다. 특히 이스라엘 예배의 전체 구조와 양식의 근간이 되는 언약의 피와 관련된 할례와 유월절 의식은 가장 중요한 요소였다.

신약성서의 새 언약에서는 예수 그리스도 안에서 대리적으로 제공된 신성한 인간의 응답이 세례와 성찬으로 대표된다. 세례와 성찬은 성육신과 속죄가 가져온 하나님과 하나님의 백성 사이의 언약 관계에 대한 근본적인 변화를 반영하며 구약의 할례와 유월절 의식을 대체했다.

이처럼 세례와 성찬은 우리의 자리에서 우리를 대신하는 예수 그리스도가 그분의 대표하고 대속하는 사역 안에서 이루신 하나님을 향한 인간의 대리적 응답과 관련된 성례이다. 세례와 성찬은 우리가 아무것도 더할 수 없는 그리스도의 완성된 사역의 성례이고, 속죄하는 중재와 화해의 복음으로 옷을 입은 예수 그리스도의 인격 외에는 다른 실체와 내용이 없는 성례이다. 따라서 이 둘은 하나님과 인간 사이의 중재자이신 그리스도의 말씀과 사역과 인격의 불가분의 일치를 고유한 방식으로 나타내는 성례이다. 또한 세례와 성찬은 본질적으로 우리를 위한 하나님의 모든 축복을 자신 안에 구현하시고 그분의 충만함으로부터 온전한 은혜를 받게 하시는 예수 그리스도에게 우리를 인도하는 성례이다. 세례와 성찬은 우리가 하나님을 예배할 때 드리는 응답이지만, 그럼에도 불구하고 우리의 행위가 아닌 우리의 자리에서 우리를 대신하신 그리스도 예수의 행위에 대한 성례이다. 세례와 성찬은 하나님이 제공하신 대리적 응답 안에서 이루어지는 기도의 예전적 행위이며, 새 언약 안에서 예수 그리스도의 대리적 순종에 대한 우리의 참여를 보증한다. 다시 말해, 성례를 통해 우리는 삶과 죽음에서 단번에 세상을 위한 속죄하는 교환 또는 화해로 자신을 드리시고 부활과 승천을 통해 인류를 위한 천상의 중보와 지지로 성부에게 자신을 보이신 하나님의 종-아들(the Servant-Son of God) 예수 그리스도의 대리적 순종과 응답에 참여한다.

우리에게는 두 가지 기본적인 '복음의 성례', 즉 그리스도와의 단 한 번의 연합을 반영하는 성례와 그리스도와의 지속적인 연합과 친교를 반영하는 성례가 있다. 세례는 그리스도의 완성된 사역에 근거하여 행해지는 우리와 그리스도의 연합의 성례이다. 세례는 우리가 행하도록 명령받은 성례이지만 우리의 행위가 아닌 우리를 위한 그리스도의 행위에 대한 성례이며, 속죄의 대표적 측면보다는 대속적 측면에 더 부합하는 성례이다. 말하자면, 우리는 그리스도가 우리를 대속하셨다는 사실에 근거하여 세례를 받는다.

그러므로 세례를 받을 때 우리는 우리의 믿음이 그리스도의 믿음과 신실하심에 관련되어 있다는 신앙의 본질을 고백한다. 그래서 세례는 우리의 신앙이 우리 자신의 믿음에 의존하는 것이 아니라, 순전한 은혜 안에서 세례자들에게 허락된 믿음을 기대하고, 낳고, 유지하고, 품으시는 그리스도의 대리적 믿음에 의존한다는 것을 말해 준다. 그렇기에 바울은 에베소 교인들에게 믿음으로 받는 구원이 은혜에 의한 것이며, 우리 자신의 행위가 아닌 하나님의 선물임을 강조했다. 거듭해서 말하지만 우리가 세례를 주는 것이 아니라 받는 이유는 우리가 오직 그리스도의 무조건적인 은혜로 구원을 받았고, 우리를 정결하게 하신 그리스도의 보혈로 우리가 그분의 소유가 되었음을 선포하는 것이 세례이기 때문이다. 따라서 세례는 우리가 더 이상 우리 자신에게 속해 있지 않고, 구주이시며 주님이신 예수 그리스도에게 속해 있다는 사실에 대하여 신성하게 제공된 증거이다. 그리고 이제 세례를 받아 예수와 연합된 우리의 믿음은 근원을 발견하고 계속해서 자라나게 된다.

주의 만찬이나 성찬은 우리를 위해 행하셨고 지금도 행하고 계신 예수 그리스도의 모든 은혜로운 행위와 그분의 인격

에 대한 우리의 지속적인 참여를 의미하는 성례이다. 성찬을
통해 우리는 우리 자신이나 우리의 행위가 아닌 그리스도와
그분의 행위에 중심을 두고 계속해서 살아간다. 성찬은 성육
신하시고 십자가에 못 박히시고 부활하시고 승천하신 하나
님의 아들 예수 그리스도와 우리가 연합하는 성례이며, 이것
은 성부로부터 인류를 향하고 인류로부터 성부를 향하는 예
수 그리스도의 이중적 사역과 관련된다.

　한편으로 성찬은 우리의 죄와 죄책감을 없애고 하나님의
사랑을 우리에게 부어 주시기 위해 우리의 뼈 중의 뼈가 되
시고 살 중의 살이 되신 그리스도와 우리가 화해하는 연합의
성례이다. 그러므로 성찬은 그리스도의 실제 임재가 경험되
는 성례이며, 성찬을 받을 때 우리는 그리스도의 몸과 피에
참여하고 그리스도를 생명의 양식으로 받는다. 다른 한편으
로, 성찬은 거룩한 순종과 속죄하는 화해로 자신을 드려 우리
를 거룩하게 하시고, 부활과 승천을 통해 우리를 일으켜 세워
성부에게 보이신 예수 그리스도의 자기봉헌이라는 경이로운
행위 안에서 그분과 우리가 연합하는 성례이다. 그러므로 성
찬은 우리의 참된 예배 자체이신 그리스도와 그분의 이름 안
에서 기도와 감사를 통해 그리스도를 성만찬의 실체로서 성
부에게 드리는 성례이다. 이때 성부 앞에서 우리가 기념하는
그리스도의 몸과 피는 영원하신 성령을 통해 성부에 대한 그

리스도의 자기봉헌과 거룩하게 동화된다.

따라서 주의 만찬을 거행한다는 것은 성령을 통한 그리스도의 몸과 피에 참여하는 친교에 의해 우리가 그리스도와 친밀하게 연합되어 우리의 자리에서 우리를 대신해 드려진 성부에 대한 그리스도의 자기봉헌과 자기드림에 참여하고, 다른 예배나 희생이 아닌 우리의 중재자이시며 대제사장이신 그리스도 예수의 예배와 찬양과 경배로써 하나님의 위엄 앞에 나아간다는 의미이다. 우리는 우리 자신의 믿음이나 회심, 또는 경건을 증명하기 위해서가 아니라, 속죄하는 교환(atoning exchange)을 통해 우리의 가난을 그분의 무한한 은혜로 바꾸어 주신 그리스도의 죽음을 선포하며 하나님을 예배하기 위해 거룩한 식탁으로 나온다. 그래서 우리는 빈손을 내밀어 빵과 잔을 받고 그리스도의 몸과 피에 참여하는 친교 안에서 그것을 먹고 마신다. 우리에게는 예수 그리스도 외에 하나님께 나아가 드릴 수 있는 예물이 없기 때문이다. 이렇게 우리는 그리스도를 통해, 그리스도와 함께, 그리스도 안에서 성부에게 영광을 올려 드린다.

(5) 복음전도

복음은 인격과 사역에서 하나님과 인간의 중재자 되시는 예수에게 완전한 자리를 내어 주는 방식으로 선포되어야 한다. 그렇지 않으면 복음은 무조건적인 은혜와 화해하는 교환 (reconciling exchange)이라는 복음의 실제 내용과 상응하지 않게 선포된다. 이러한 방식은 예수가 그의 제자가 되려는 사람마다 자신을 부인하고 십자가를 지고 그분을 따라야 한다고 선언하셨을 때, 그리고 자기 생명을 구하고자 하는 사람은 그 생명을 잃게 될 것이라는 원칙을 세우셨을 때, 분명하게 정해졌다. 예수를 주와 구세주로 영접한다는 것은 예수가 우리에게 그분의 자리를 내어 주시도록 우리의 자리를 그분에게 내어 드리는 것을 의미하기 때문에, 그리스도를 따르고자 하는 모든 사람은 그분과의 대면에서 자신의 선입견, 자기중심적 욕망, 자기의지에 대한 근본적인 도전에 직면하게 된다. 이런 방식으로 복음을 전하는 것은 쉽지 않은 일이다. 회개하고 예수 그리스도를 믿어 구원을 받으라고 요청하는 전도의 과정에서 우리는 스스로의 회개나 결단으로 예수를 따르지 않게 하거나 또는 자신의 이익을 위해, 다시 말해 예수를 따르는 것에 대한 그분의 원칙과 상충되는 목적을 가지고 나오지 않도록 하는 데 큰 어려움을 겪기 때문이다.

복음을 전하는 방식에는 복음적인 방식과 비복음적인 방식이 존재한다. 현대의 복음전도에서 설교자가 다음과 같이 말할 때 복음은 자주 비복음적인 방식으로 전해진다.

그리스도의 중재

복음은 예수 그리스도가 당신을 위해 행하신 모든 것입니다. 하지만 당신이 그리스도를 구주로 받아들이기로 **결단하지 않으면** 구원받지 못할 것입니다.

예수 그리스도는 당신을 사랑하셔서 십자가에서 당신을 위해 생명을 주셨습니다. 하지만 당신이 그리스도에게 마음을 드**리지 않으면** 구원받지 못할 것입니다.

이 경우 사람들에게 실제로 전해지는 것은, 무조건적인 은혜의 복음이 아닌 예수 안에 있는 복음의 본질과 내용을 거짓으로 만드는 조건적인 은혜를 담은 다른 복음이다. 갈라디아서에서 바울을 크게 근심하게 한 것이 바로 이와 같은 복음에 대한 교묘한 율법주의적 왜곡, 즉 유대인과 이방인 안에서 쉽게 진리를 왜곡하는 방식이었다. 이러한 조건부 또는 율법주의적 방식으로 복음을 전하는 것은 결국 구원의 책임이 하나님의 어린양의 어깨로부터 벗어나 가련한 죄인들의 어깨에 놓여 있다고 말하는 것이며, 그런 경우에 그들은 자신들이 결코 구원받지 못할 것이라고 느낀다. 죄인들은 예수 그리스도 안에서 하나님과 그들을 묶는 구속의 유대에 그들 자신의 연약한 행위가 하나라도 포함된다면, 그 유대 전체는 마치 나약한 끈처럼 약해진다는 것을 마음 깊이 알고 있다. 죄인들은 그들의 행위를 결정하는 그들의 자아가 구원받아야 한다는 것을 인식하기 때문에, 예수 그리스도가 그분의 무조건적인 사랑과 은혜로 인간의 자아, 곧 죄인들의 자아를 성육신을 통해 완전히 다른 근거에 올려놓으셨으며 그분 자신에 의해 구원받은 자아가 되었다는 사실이 선포되지 않는다면 복음의 선포는 진정으로 복된 소식이 될 수 없을 것이다.

그렇다면 복음은 어떻게 진정으로 복음적인 방식으로 선포될 수 있을까? 그것은 바로 하나님의 구원하시는 사랑에 대한 모든 인간의 충분한 응답으로서 무조건적으로 우리를 위해 제공하시는 **예수의 대리적 인간성**이 복음에서 온전하고 중심적인 자리를 차지하게 하는 것이다. 그러면 우리는 복음을 다음과 같은 복음적인 방식으로 전하고 가르치게 된다.

하나님은 완전하고 온전하게 당신을 사랑하셔서 예수 그리스도 안에서 인간이 되셨고, 그로 인해 당신의 구원을 위한 보증이 되셨습니다. 예수 그리스도 안에서 하나님은 당신을 향한 그분의 무조건적인 사랑을 당신의 인간 본성 안에서 단번에 실현하셨는데, 이는 성육신과 십자가를 취소하고 하나님 자신을 부정하지 않고는 번복될 수 없습니다. 예수 그리스도는 당신이 죄가 많고 전혀 그분에게 합당하지 않기 때문에 당신을 위해 죽으셨고, 그리하여 당신이 예수를 믿기 전에 그리고 그분에 대한 당신의 믿음과 상관없이 이미 당신을 그분의 소유

그리스도의 중재

로 삼으셨습니다. 당신은 그리스도의 사랑에 묶여 있으며 그분은 당신을 결코 놓지 않을 것입니다. 당신이 예수를 거부하여 지옥에서 스스로를 저주할지라도 그 사랑은 결코 멈추지 않을 것입니다. 그러므로 회개하고 예수 그리스도를 당신의 주와 구원자로 믿으십시오. 그분은 당신을 위해 처음부터 끝까지 하나님이시면서 동시에 인간으로서 사셨고 행동하셨습니다. 예수는 당신의 자리에서, 곧 당신의 결정, 하나님의 사랑에 대한 당신의 응답, 심지어 믿음의 행위를 포함하는 삶과 행위의 모든 부분에서 당신을 대신하여 행동하셨습니다. 예수는 당신을 믿으셨고, 하나님에 대한 당신의 인간적인 응답을 성취하셨으며, 당신을 위한 인격적인 결정을 내리셨습니다. 그렇기에 하나님 앞에서 당신은 예수 안에서 이미 하나님께 응답했고, 예수를 통해 이미 하나님을 믿었으며, 성부에 대한 예수의 자기봉헌 안에서 당신의 결정이 이미 포함되어진 사람으로서 받아들여집니다. 그리고 성부에게 완전하고 온전하게 받아들여진 예수의 모든 존재와 행위 안에서 당신은 성부에게 이미 용납된 사람으로 인정됩니다. 그러므로 자신을 버리고 십자가를 지고 예수를 당신의 주와 구원자로 따르십시오.

하나님의 무조건적인 은혜의 복음을 이렇게 조건 없는 방식으로 전하는 것이야말로 하나님이 예수의 대리적 인간성 안에서 우리에게 아낌없이 주신 놀랍도록 복된 소식을 사람들에게 제시하는 것이다. 이러한 무조건적인 은혜의 복음에 근거하여 회개하고 예수 그리스도를 믿고 그분에게 헌신한다는 것은, 정말로 예수에게 나 자신을 드렸는지, 정말로 예수를 믿고 신뢰하는지, 정말로 내 믿음이 충분한지를 걱정할 필요가 없다는 의미이다. 왜냐하면 믿음 안에서 내가 의지하는 것은 나의 믿음, 나의 신앙, 나의 헌신이 아닌 오직 나를 위해 나의 자리에서 나를 대신하시는 예수의 행위이며, 성부의 얼굴 앞에서 나를 대신하여 계시고 항상 계실 예수의 존재이기 때문이다. 다시 말해, 하나님의 무조건적인 은혜의 복음은 예수 그리스도를 믿고 따르는 나의 모든 은밀한 동기로부터의 완전한 해방을 의미한다. 이는 나를 위한 예수의 대리적 응답으로 인해 다른 방법으로는 할 수 없는 자발적인 기쁨의 응답과 예배와 봉사를 자유롭게 드릴 수 있기 때문이다.

하나님에 대한 인간의 모든 응답을 좌우하는 기본 양식은 예수 그리스도가 동정녀 마리아에게서 나셨을 때 확립되었다. 주의 천사가 전한 말씀에 마리아는 "주의 여종이오니 말씀대로 내게 이루어지이다"(눅 1:38)라고 응답했다. 마리아는 예수를 잉태하여 출산했지만 예수의 탄생은 그녀와 하나님의 협력적 활동의 결과가 아닌 성령의 창조적 행위의 결과이자 하나님의 무조건적인 은혜의 현현이었다. 하지만 마리

그리스도의 중재

아는 하나님의 손에 들린 비인격적인 도구처럼 취급되지 않았는데, 그녀는 이스라엘 백성으로서 하나님과의 호혜적 관계 안에서, 또한 한 인간으로서의 자유와 완전성 안에서 은혜로운 복을 받았고 성별되었고 보존되었다. 그리고 오직 하나님의 은혜로 인해 우리 가운데 인간으로 나신 예수는 마치 하나님의 손에 들린 꼭두각시가 아니라, 그와는 반대로 완전한 자유와 완전한 인간성으로 사셨던 유일무이한 인간이었다. 따라서 예수는 하나님과의 모든 인간적이며 인격적인 관계의 창조적 근원인 인간화하는 인간, 인격화하는 인격이 되셨다.

이처럼 예수 그리스도는 복음 안에서 우리를 만나시고 그분 자신의 인간적인 삶과 존재를 통해, 곧 오직 하나님의 은혜로 그분 안에서 그리고 그분을 통해 우리에게 일어나는 일들을 보이신다. 예수 그리스도의 인간성은 '은혜의 모든 것'이 '사람의 아무것도 아닌 것'을 의미하는 것이 아니라 오히려 그 반대, 다시 말해 하나님의 사랑에 대한 인간의 자발적이고 자유로운 응답 속에서 일어나는 완전하고 온전한 인간 존재의 회복을 의미한다. 그러므로 예수의 동정녀 탄생은 우리가 회개하고 예수 그리스도와 복음에 대한 믿음으로 부름을 받을 때, 하나님의 구원의 은혜가 우리와 함께하는 전형적인 방식을 보여 준다고 할 수 있다.

우리는 복음의 본질에 충실하기 위해 무조건적인 은혜의 복음에 대한 모든 것을 인정해야 한다. 그러나 우리에게는 복음전도에서 고려해야 할 실제적인 문제가 여전히 남아 있다. 즉, '믿음의 순종'으로 응답할 것을 요구하는 그리스도와 그분의 복음을 어떻게 선포해야 자기중심적인 인간의 자아가 우리의 결정에 대해 '불가침의 권리'를 주장하지 않을 수 있는지, 또는 하나님에 대한 응답에서 인간의 자기의지가 강화되지 않을 수 있는지에 대한 문제이다. 말로는 분명하게 해명하기 어려운 이러한 복음전도의 문제에 대해 그리스도는 복음을 행위로 선포하는 성례를 통하여 우리에게 실제적인 해답을 주셨다.

회개하고 예수 그리스도를 믿는 사람과 그들의 자녀에게 베풀어지는 세례는 그들 자신의 회개와 믿음을 통해서가 아니라 오직 그리스도로 인해 구원을 받는다는 사실을 선포한다. 그들은 자신의 회개와 믿음을 중심에 두고 세례를 받는 것이 아니라 그들을 위해 죽으시고 부활하신 그리스도의 회개와 믿음으로 들어가는 세례를 받기 때문에, 세례는 그들이 자랑하는 자기 권리를 가진 옛 자아가 그리스도 안에서 십자가에 못 박혀 버려졌고 그분의 부활을 통해 과거의 속박에서 해방된 새로운 존재가 되었다는 사실을 확증한다. 세례는 그리스도가 그들을 자신의 소유로 삼으셨고 그들은 그분에게

그리스도의 중재

속해 있으며, 이러한 근거와 근원에서부터 그리스도에 대한 온전한 믿음과 순종의 삶 전체가 형성된다는 복된 소식을 선포한다. 그러므로 세례에서 복음은 복음의 실제 내용과 일치하는 방식 안에서 말로만이 아닌 행위에 의해서도 선포된다.

성찬에서도 복음의 선포가 일어나는 이유는 우리가 빵을 떼고 잔을 마실 때마다 주의 죽으심을 그분이 다시 오실 때까지 선포하기 때문이다. 이때 예수 그리스도가 선포하신 죄의 용서는 말로 베푼 용서가 아닌 능력으로 베푼 용서였다는 사실이 우리에게 선포된다. 이는 죄의 용서가 십자가에서 그리스도의 희생으로 이루어졌고 그분의 부활을 통해 완전하게 성취되었으며, 따라서 우리의 죄가 우리를 하나님과 분리시키는 대신 예수 그리스도 안에서 우리와 하나님을 불가분한 관계로 묶는 하나님의 화해하는 사랑의 수단이 되었기 때문이다.

그래서 성찬에서 그리스도의 복음은 재현된 형태로 우리에게 전달된다. 우리가 빵을 떼고 잔을 마실 때 그것들이 우리의 몸과 피의 일부가 되는 것처럼, 성찬에서 우리는 은혜로 인해, 말로는 결코 표현할 수 없는 방식으로, 그분의 몸과 피 안에서 예수 그리스도에게 참여하기 때문이다. 더욱이 성찬에서 그리스도는 우리가 우리 자신을 중심으로 삼지 않고 그분을 우리의 진정한 중심으로 삼아 살 수 있게 하기 위해 생명을 주는 빵이신 자신을 먹을 수 있는 길을 마련해 주셨다. 그러므로 성찬을 받는 우리는 그리스도인의 삶과 봉사의 모든 과정에서 우리 자신의 순종이나 의로움이 아니라, 우리를 위해 가난하게 되셨고 그분의 가난을 통해 우리를 부요하게 하신 예수 그리스도 안에서 육화한 하나님의 은혜에 의지하도록 인도를 받는다.

말씀과 성례는 분명하게 서로 연결되어 있다. 성례에서 그리고 성례를 통해 선포되는 복음은 말씀으로 선포되는 복음과 마찬가지로 복음전도에 속해 있다. 그리스도는 말씀과 성례를 통해 그리고 말씀과 성례와 더불어 우리에게 자신을 알리시고, 우리로서는 불가능하지만 복음을 통해 우리 안에 확립되는 인간의 합당한 응답을 다양한 방식으로 우리에게 주신다. 성례로 인해 그리스도에 대한 선포는 그 목적을 이룬다. 이때 성례는 그것에 부여된 목적, 즉 육신이 되셨고 생명과 영의 말씀을 홀로 우리에게 하시는 하나님의 말씀(the Word of God)의 성례로서 그 목적을 이룬다. 따라서 이미 언급했던 용어를 사용해서 말하자면, 세례와 성찬은 자신의 믿음을 '확인하는 예식'(confirming ordinances)이 아니라 '전환하는 예식'(converting ordinances)으로 여겨야 한다. 왜냐하면 복음은 세례와 성찬 안에서 그리고 세례와 성찬을 통해 우리에게 다가와 예수 그리스도가 구성하시는 하나님에 대한 대리적 응답, 다시 말해 그리스도가 우리에게서 취하여 성부에게로 전환시킨 그분 자신의 인간성 안에서 구성하시는 하나님에 대한 대리적 응답으로 우리를 이끌기 때문이다. 그러므로 세례와 성찬의 집례에서 선포되는 복음의 진리에 관한 말씀이 예수 그리스도 자신 안에서만 받아들여지고 이해되는 것은 결코 놀라운 일이 아니다.

결론적으로, 갈라디아서 2장 20절에 우리의 시선을 고정해 보자. 우리가 이 장에서 해명하고자 노력했던 복음적 진리를 간결하게 표현한 바울의 놀라운 고백이 다음과 같이 기록되어 있다.

> 내가 그리스도와 함께 십자가에 못 박혔나니 그런즉 이제는 내가 사는 것이 아니요 오직 내 안에 그리스도께서 사시는 것이라. 이제 내가 육체 가운데 사는 것은 나를 사랑하사 나를 위하여 자기 자신을 버리신 **하나님의 아들의 신실하심**(the faithfulness of the Son of God)으로 인해 사는 것이라.

바울의 고백은 분명 우리에게 신앙, 회심과 개인적인 결단, 예배와 기도, 거룩한 성례, 복음 선포와 같은 하나님에 대한 인간의 모든 응답의 근간이 **내가 아닌 그리스도**(I yet not I but Christ)라는 통찰을 제공한다. 이러한 통찰은 믿음에도 적용된다. 나는 바울이 신앙에서 그리스도와의 관계를 표현하기 위해 사용한 그의 독특한 표현을 내가 번역한 대로 '하나님의 아들의 신실하심으로 인해'라고 번역하는 것이 맞는다고 확신한다. 만일 바울의 표현을 '하나님의 아들을 믿는 믿음으로'라고 번역하더라도 바울의 의도는 분명 '내가 아닌 그리스도'이다. 다시 말해, '나는 믿는다' 또는 '나에게 믿음이 있다'고 말할 때 '나'라는 표현은 '내가 아닌 내 안에 계신 그리스도'라는 표현으로 수정되어야 한다. 이것이 복음서에서 내가 의지할 수 있다고 기록된 예수 그리스도의 대리적 인간성에 대한 메시지이다.

내 안에 계신 예수 그리스도는 나를 대신하여 믿으시고, "주여, 내가 믿나이다. 나의 믿음 없음을 도와주소서"라고 외치는 나의 가난하고 흔들리고 넘어지는 믿음을 자신의 것으로 삼아 그분의 변함없는 신실하심으로 우리의 믿음을 품고 지지하고 지탱해 주신다. 이러한 믿음은 결코 실패하지 않는 믿음이다. 이런 종류의 믿음은 그리스도 안에 있는 나의 모든 삶과 하나님에 대한 나의 모든 응답에 적용되는데, 이는 나의 모든 삶과 응답은 예수 그리스도 안에서 성부에 대한 그분의 대리적 삶과 순종에 의해 붙들리고 거룩해지고 영향을 받기 때문이다. 실로 나의 삶과 응답은 우리 인간의 존재와 본성을 지니고 우리 가운데 사셨고 성부에게 자신을 드리신 예수 그리스도의 삶과 불가분하게 결합되어 있다. 그러므로 예수 그리스도의 대리적 인간성은 성자의 중재를 통해, 성령의 연합 안에서, 우리에게 부어진 성부의 사랑에 대한 우리 인간의 응답이 된다.

5장

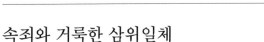

속죄와 거룩한 삼위일체

이전 장들에서 우리는 자연스럽게 통합된 실재의 요소들이 이원론적이고 분석적인 사고방식을 통해 서로 분리될 때 다양한 지식 분야에서 발생하는 문제에 관심을 두고 살펴봤다. 특히 하나님의 언약 백성이자 인류에 대한 신적 계시의 역사적 담지자인 이스라엘과 그리스도교회 사이의 단절된 관계를 조망하면서 이원론과 분석적 사고방식이 화해의 중재와 계시에 미치는 악영향을 다루었다. 또한 하나님과 인간 사이의 유일한 중재자이시고 하나님이시며 인간이신 예수 그리스도의 인격에 대한 우리의 이해와 그리스도교 신앙에서 발생할 수 있는 문제를 살펴보았다. 이번 장에서는 그리스도 안에서 우리를 향해 계실 뿐만 아니라 영원히 자신 안에 계시는 하나님에 대한 궁극적인 교리로 논의를 이어 갈 것이다. 이 과정에서 우리는 이원론적 사고방식이 하나님의 지식 (knowledge of God)에 미치는 영향을 살펴볼 것이고, 유대인과 이방인이 한 성령으로 성부에게 나아가는 길을 열어 주신 그리스도와 그분의 십자가를 통해 가능해진 하나님에 대한 더 깊은 이해를 고찰할 것이다.

하나님의 지식에 대한 이원론적 사고방식은 서구신학의 특징으로, 로마 가톨릭과 개신교 전통 안에서 발견된다. 이것은 무엇보다 아퀴나스 신학의 영향 아래 발전한 소위 로마 가톨릭의 교과서 신학(Roman text-book theology)에서 매우 분명하게 나타나며, 바르트가 말한 '하나님에 대한 분리된 개념'을 내포한다. 왜냐하면 로마 가톨릭의 교과서 신학에서 하나님의 지식은 먼저 하나님의 본질에 대한 개념에서 출발하여 위격 사이의 내재적 관계에 대한 면밀한 숙고 없이 하나님 안에 계신 세 위격을 설명하기 때문이다. 그리하여 **한 분 하나님의 교리**(the doctrine of the one God)와 **삼위일체 하나님의 교리**(the doctrine of the triune God)가 명확하게 구별되었다. 버나드 로너건(Bernard Lonergan)과 같은 신학자의 지지를 받는 하나님의 교리에 대한 이원론적 접근 방식은 이미 바르트와 동방정교회 신학, 그리고 칼 라너(Karl Rahner)에 의해 거절되었다. 라너는 이원론적 접근 방식이 삼위일체 교리를 교리 신학의 체계 내에서 고립시켜 세계와 구원 역사와 무관하게 만

그리스도의 중재

드는 결과를 야기한다고 주장했다. 더욱이 바르트는 이원론적 접근 방식이 하나님에 대한 삼위일체적 이해를 하나님의 자기계시의 본질적인 내용으로부터 분리시킨다고 비판했다. 다시 말해, 삼위일체 교리는 독립적으로 구성된 한 분 하나님의 교리에 부수적인 것이 되고, 그 결과 유일신 교리와 본질적으로 불가분하게 통합된 교리로 여기지 않는다.

하나님의 교리에 대한 고전적인 개신교 신학의 기술도 이와 크게 다르지 않다. 예를 들어, 웨스트민스터 신앙고백서 2장 "하나님과 거룩한 삼위일체에 관하여"는 다소 추상적이고 부정적 용어로 표현된 하나님의 무한한 존재와 그분의 속성에 대한 설명으로 주요 단락이 구성되어 있고, 거기에 삼위일체에 대한 짧은 두 문장이 첨부되어 있다. 대요리문답과 소요리문답에서도 볼 수 있듯이, 웨스트민스터 신학이 제시하는 하나님의 교리는 "예수 그리스도를 통해, 그리고 성령 안에서 실제로 우리에게 자신을 인격적으로 알리신 **하나님은 누구인가**"와 같은 인격적인 질문과 대답이 아니라, "**하나님의 본질은 무엇이라고 생각되어야 하는가**"와 같은 비인격적인 질문과 대답으로 구성되어 있다. 이것은 하나님의 역사 속 구원 행위나 우리와 하나가 되시고 화해하는 희생으로 우리를 위해 자신을 아낌없이 내어 주신 그분의 은혜로운 성육신과 직접적인 관련이 없는, 자기계시의 배후에 있는 하나님의 교리를 제시하는 것이다. 이런 맥락에서 삼위일체 교리는 독립적으로 구성된 한 분 하나님의 교리에 내적으로 통합되지 않고 단지 추가된 것으로 보이기 때문에, 삼위일체 교리가 웨스트민스터 신앙고백서와 요리문답 전반에 걸쳐 있는 복음의 본질과 내용, 그리스도인의 삶과 헌신과 같은 주제와 실제적인 관련이 거의 없다는 것은 그리 놀라운 일이 아니다. 사실상 웨스트민스터 신학에서 제시된 이원론적 하나님의 교리는 근본적으로 그리스도교적이지 않다. 이는 우리 주 예수 그리스도의 성부이신 하나님의 교리가 아니며, 그리스도와 성령 안에서 우리가 직접적이고 즉각적으로 하나님 자신과 관련되는 하나님의 교리가 아니기 때문이다.

그리스도교와 유대교의 하나님 개념

성부와 성자와 성령이신 삼위일체 하나님에 대한 그리스도교의 개념이 어떻게 이스라엘과 구약성서를 통해 인류에게 하늘과 땅의 유일신으로 계시된 전능하신 주 하나님, 곧 '스스로 계신 분'이신 하나님에 대한 이해와 일치되는가에 대한 질문은 구약의 유일신 하나님만을 고백하는 신약에서 이미 제기되었고 답변되었다. 신약성서에서 예수는 유대 전통의 본질적인 고백인 "이스라엘아, 들으라. 주 곧 우리 하나님은 유일한 주님이시다"라는 말씀을 그분의 입술로 고백하셨다(막 12:29). 초기 그리스도인들은 예수를 '주'로 믿고 인정했는데, 그들은 예수에 대한 고백이 예수 자신의 고백과 상충되지 않는다고 생각했다. 이는 그들은 예수 안에서 임마누엘, 즉 '우리와 함께하시는 하나님'이 성육신하여 이 세상에 강림하셨다고 믿었기 때문이었다. 그러므로 초기 그리스도교 사상과 신앙의 중심에는 주 예수 그리스도의 신성이 성부 하나님과의 신성과 완전히 하나를 이룬다는 지고한 진리가 있다. 말씀이 육신이 되신 하나님의 아들 예수 그리스도 안에서 한 분 하나님의 자기계시가 하나님과 인류의 화해 속에서 성취되었고, 이를 통해 오랜 세월 이스라엘 백성에게 구현된 하나님의 언약의 목적이 그리스도 안에서 절정에 이르렀다. 이같이 그리스도 안에서 계시의 중재와 화해의 중재는 긴밀히 얽혀 있는데, 이것은 지난 2장에서 자세히 다루었다.

모든 참된 지식은 대상과 마음의 인지적 결합을 포함하고 이를 방해하거나 왜곡할 수 있는 단절과 소외의 배제를 필요로 한다. 이것은 하나님에 대한 우리의 지식에도 동일하게 적용된다. 그렇기 때문에 이스라엘 백성을 향한 하나님의 독특한 자기계시는 그들로 하여금 하나님과 오랜 갈등을 겪게 만들었고, 속죄를 통해 화해를 이루시는 하나님의 섭리에 대한 끊임없는 관심 없이는 하나님과 이스라엘의 언약 관계가 유지될 수 없었다. 이스라엘을 통해 인류에게 전해지는 하나님의 자기계시는 이스라엘의 존재 자체에 하나님의 거룩한 말씀과 진리가 새겨지지 않고서는, 그들의 근본적인 마음에 고통스러운 변화와 화해가 일어나지 않고서는, 인간의 존재와 지식에 뿌리내리고 표출될 수 없었다. 이스라엘과 하나님의 이러한 독특한 관계로 인해 유대인은 세상 여러 나라 가운데서 기이한 민족으로 소외되고 고통받아 왔다. 이스라엘과 맺은 하나님의 사랑의 유대가 긴밀해질수록 이스라엘은 하나님의 친밀한 임재에 의하여 계시의 유일한 전달자이자 온 인류를 구원하시려는 하나님의 목적을 이루기 위한 선택된 도구로서 구체화되었다. 이처럼 구약성서에 나타난 하나님과 이스라엘의 역사적 상호작용의 전체 과정은 계시와 화해의 불가분적 관계를 분명하게 보여 주었는데, 이는 계시와 화해 둘 중 하나 없이는 하나님의 구원이 성취될 수 없기 때문이다.

화해의 중재에 대한 이전 논의에서 언급했듯이, 예수 그리스도 안에서 하나님의 계시와 구원의 목적이 성취되었다는 것은 하나님과 이스라엘이 맺은 옛 언약이 폐기되지 않고 보존되었음을 의미한다. 하나님의 말씀을 위탁받은 백성으로 선택된 이스라엘은 온 인류를 향한 구원의 사명과 확장이 그들로부터 세상으로 뻗어나가 이방 나라들에 세워지는 약

그리스도의 중재

속의 토대를 이루었고, 따라서 하나님이 이스라엘과 맺은 은혜의 언약은 이제 복음을 위임받은 선교 공동체인 교회를 기초로 하여 옛 언약의 폐기 없이 새로운 경륜의 시대로 들어갔다. 이때부터 이스라엘의 역할과 운명은 교회의 역할과 운명에 결속되었다. 예수 그리스도를 통한 화해가 이스라엘 안에서 성취됨에 따라 화해는 더 이상 신적 계시를 통해 이스라엘에게 선포된 미래적 약속이 아니라, 이제 우리와 함께하시고 우리를 위한 임마누엘 하나님의 강림으로 실현된 구체적인 사건이 되었다. 달리 말해, 화해는 계시의 내적이고 역동적인 내용이며 계시는 화해를 통해 그 효력을 발휘하고 목적을 성취했다. 이러한 이유로 유대인과 그리스도인은 계시와 화해를 위한 그들의 헌신 안에서 서로를 필요로 하고 서로를 보완한다. 양자의 소원한 관계는 인류를 향한 하나님의 계시와 화해를 매개하는 그들의 사명을 온전히 이루지 못하게 만들 뿐이다.

이스라엘의 사명과 그리스도교회의 사명이 지닌 상호의존성은 바울이 자신의 상황에서 매우 중요하게 다룬 질문이었다. 이스라엘 사람이요 히브리인 중의 히브리인으로서의 바울은 유대인에 대한 하나님의 선물과 부르심은 돌이킬 수 없다고 주장했고, 이방인의 사도로서의 바울은 믿는 모든 자 곧 유대인뿐만 아니라 헬라인에게도 구원을 주시는 하나님의 능력이신 그리스도의 복음에 부끄러움 없이 헌신했다. 바울은 특히 에베소서 2장에서 복음 안에서 유대인과 그리스도인, 선지자와 사도의 상호연관성을 언급하고 있는데 이것은 이 장의 주제인 '속죄와 거룩한 삼위일체'와 직접적인 관련이 있다.

에베소서 2장에서 바울은 예루살렘 성전이 있던 높은 지역 전체가 그가 '중간에 막힌 담'이라고 불렀던 이방인이 지나갈 수 없는 성벽으로 둘러싸여 있었다는 사실을 분명히 염두에 두고 있다. 성벽은 거룩한 자와 부정한 자, 예배를 통해 하나님께 가까이 나아갈 수 있는 자와 멀리 떨어져 있는 또는 언약에서 벗어난 이방인을 구별하기 위해 고안되었다. 이 시점에서 많은 사람을 초대해 큰 잔치를 베푼 한 사람에 대한 예수의 비유를 생각해 보자. 사람들이 초대를 거절하자 그는 하인들을 도시의 거리와 골목으로 보내 가난한 사람, 지체장애인, 시각장애인, 다리 저는 사람들을 데려왔고, 심지어 성벽 너머에 있는 사람들, 곧 출교당한 자들과 율법의 규정과 규율로 인해 하나님께 가까이 갈 수 없는 부정한 사람들을 불러내어 잔치를 열었다.

오순절에 성령이 제자들에게 능력으로 부어졌을 때 일어났던 사건도 상기해 보자. 베드로는 마가의 다락방에 모인 제자들이 성령을 받고, 모인 각 사람이 난 곳 방언으로 하나님

그리스도의 중재

의 크신 일을 전하는 상황을 설명하면서, 마지막 날에 누구든지 주의 이름을 부르는 자는 구원을 받을 것이며 하나님이 그분의 영을 모든 육체에 부어 주실 것이라는 요엘 선지자의 예언을 언급했다. 베드로는 통치자들이 십자가에서 죽인 바로 그 예수가 하나님에 의해 죽은 자 가운데서 살아나셨고, 성부로부터 약속된 성령이 이제 그의 백성에게 부어졌기에 요엘서의 그 큰 날이 이르렀다고 주장했다. 또한 성전 주변에 몰려든 유대인들에게 그들이 십자가에 못 박은 예수가 그들의 주님이시며 메시아이심을 선포하며 회개하고 예수 그리스도의 이름으로 세례를 받아 죄 사함을 받고 성령의 선물을 받으라고 촉구했다. 그런 다음 베드로는 "이 약속은 너희와 너희 자녀와 모든 먼 데 사람 곧 주 우리 하나님이 얼마든지 부르시는 자들에게 하신 것"(행 2:39)이라고 부연했다. 다시 말해, 이제 예수 그리스도를 통해 성벽 안에 있는 유대인과 그 자녀들뿐만 아니라 성벽 밖의 사람들도 하나님께 가까이 나아가 성령을 받을 수 있게 되었다. 그리스도의 십자가와 성령의 내주하시는 임재를 통해 하나님께 나아갈 수 있는 길이 모든 사람을 위해 열린 것이다.

이와 동일한 이해가 에베소 교회 성도들에게 보낸 바울의 편지에 동일하게 나타난다.

너희가 전에는 할례받지 아니한 이방인으로서 이스라엘 회중에 외인이요 약속의 언약들에 대하여 외인이요 세상에서 소망이 없고 하나님도 없는 자이더니 이제는 멀리 있던 너희가 그리스도 예수 안에서 그리스도의 피로 가까워졌느니라. 그는 우리의 화평이신지라. 유대인과 이방인을 하나를 만들어 원수 된 것 곧 중간에 막힌 담을 자기 육체로 허시고 법조문으로 된 계명의 율법을 폐하셨으니 이는 자기 안에서 한 새사람을 지어 화평하게 하심이라. 그리스도는 십자가로 이 둘을 한 몸으로 만들어 하나님과 화목하게 하셨고 그들의 원수 된 것을 소멸하심으로 먼 데 있는 너희에게나 가까운 데 있는 자들에게 평안의 복음을 전하셨으니 이는 그를 힘입어 이방인과 유대인 모두가 한 성령 안에서 성부께 나아감이라. 그러므로 이제부터 너희는 외인도 아니요 나그네도 아니요 오직 성도들과 동일한 시민이요 하나님의 가족이라. 너희는 사도들과 선지자들의 터 위에 세워졌으며 예수 그리스도께서 친히 모퉁잇돌이 되셨느니라. 그 안에서 건물마다 서로 연결되어 주 안에서 성전이 되고 그리스도 안에서 성령을 통해 너희도 하나님이 거하시는 처소가 되기 위하여 함께 지어져 가느니라. (엡 2:12-22)

예수의 잔치 비유, 오순절 성령강림, 에베소서에서의 바

그리스도의 중재

울의 증언이 계시와 화해 그리고 유일신 교리와 삼위일체 교리의 측면에서 이스라엘과 그리스도교회의 사명의 연관성과 관련하여 우리에게 말하려는 바는 무엇일까? 여기서 우리는 두 가지 사실을 고찰해야 한다. 먼저는 하나님에 대한 그리스도교적 이해가 이스라엘과 구약성서로부터 전해진 전능하신 주 하나님의 계시에 근거하고 있고 그 계시로부터 분리될 수 없다는 사실이며, 또한 그리스도의 십자가로 성취된 하나님과의 화해 없이는 누구도 하나님 자신에 대한 지식에 접근할 수 없다는 사실이다. 이렇듯 하나님에 대한 이해 안에서 유대인과 그리스도인은 하나님과의 화해와 서로 간의 화해를 이루어야 할 필요가 있다.

하나님에 대한 그리스도교와 유대교의 접근 방식

바울은 이방인들이 하나님의 언약 백성에 편입되어 하나님의 가족 구성원이 될 때, 다시 말해 이방인들이 이스라엘의 줄기에 돌감람나무의 가지처럼 접붙여질 때, 비로소 이스라엘에게 허락된 유일하신 참 하나님의 계시를 함께 나눌 수 있다고 단언한다. 그러므로 이방인들은 가지가 줄기를 지탱하는 것이 아니라, 줄기가 가지를 지탱한다는 사실을 기억해야만 한다. 이스라엘로부터 분리된 이방인들은 하나님이 아닌 다른 신을 섬길 뿐이며, "세상에서 소망이 없고 하나님도 없는 자"(엡 2:12)이다. 예수가 사마리아 여인에게 "너희는 알지 못하는 것을 예배하고 우리는 아는 것을 예배하노니 이는 구원이 유대인에게서 난다"(요 4:22)고 말씀하신 것처럼 말이다. 예수의 이 말씀은 무지(無知)하게 하나님을 숭배하던 아테네 사람들에게 바울이 아레오바고 언덕에서 했던 말과 매우 유사하다. 바울은 아레오바고에서 하나님에 대한 그리스도인의 지식이 하나님에 대한 유대인의 지식에 뿌리를 두고 있다고 강조했는데, 이때 유대인의 지식은 하나님이 그분의 신성한 말씀을 그들에게 위탁했기 때문에 가능한 것이었다.

또한 우리는 예수의 손에 들려 읽혀지고 사용된 성서가 이스라엘의 히브리어 성서였다는 사실을 잊어서는 안 된다. 주 예수 그리스도의 성부는 다름 아닌 아브라함과 이삭과 야곱의 하나님이시며 모세와 선지자들의 유일하신 하나님이시다. 그렇다면 하나님에 대한 그리스도인의 지식은 바울이 말한 바와 같이 사도들과 선지자들의 터 위에 기초를 두게 된다.

예수 안에 있는 하나님의 자기계시와 이스라엘을 통한 하나님의 자기계시 사이의 불가분적 상호관계를 다룬 지난 1장에서 우리는 예수에 대한 유대적 사고방식, 즉 하나님의 말씀(the Word of God)을 통해 오랜 역사적 시련의 과정 속에서 형

그리스도의 중재

성된 유대인들의 사고가 예수를 이해하는 데 근본적으로 중요하다는 사실을 고찰했다. 우리가 계시와 관련한 이스라엘과 그들의 대리적인 사명의 배경에서 예수를 분리할 때, 예수에 대한 비유대적인 접근 방식은 우리의 이해를 심각하게 손상시키고 교회가 세상에 제시하는 그리스도의 이미지를 왜곡한다. 이러한 왜곡은 특히 약속된 '메시아', 곧 다니엘서에 따르면 끊어져 죽임을 당하겠지만 자신을 위해 죽지 않는 약속된 메시아를 그리스도인의 '그리스도'에서 인식할 수 없는 우리의 유대인 형제자매와의 관계에서 발견된다. 이 시점에서 우리의 특별한 관심사는 삼위일체 하나님에 대한 그리스도교의 이해가 한 분 하나님에 대한 유대교의 이해와 분리되어서는 안 되며 실제로 분리될 수도 없다는 사실에 놓여 있다. 만일 이 둘이 분리된다면 하나님에 대한 이해는 이방인의 마음과 문화가 강요하는 이질적인 사고방식에 의해 왜곡될 수 있다. 삼위일체 교리는 세 하나님들에 대한 교리가 아니라 한 분 하나님에 대한 교리로서 그분의 영원한 존재의 내적 연합에 대한 심오한 이해를 담고 있다. 그렇다면 하나님에 대한 그리스도인의 삼위일체적 이해와 유대인의 유일신론적 이해의 관계는 어떻게 될까?

이 둘의 관계에서 현안은 앞서 서구신학의 문제에서 지적했던 경향, 즉 이원론적인 사고방식이 삼위일체 하나님의 교리로부터 한 분 하나님의 교리를 분리시키는 경향이다. 이원론적 사고방식에서는 마치 세 신적 위격들의 교리가 나눌 수 없는 한 분 하나님의 존재의 교리와 본질적으로 그리고 필수적으로 통합되지 않는 것처럼 여긴다. 한 분 하나님의 교리와 통합되는 문제와는 별개로, 삼위일체론은 삼신론으로 왜곡될 수 있는 위험을 끊임없이 수반한다. 그래서 이 문제와 관련된 현안은 우리가 신적 화해를 하나님의 단일한 자기계시의 내적 역동성으로 이해하는 진지함과 하나님과의 화해를 통해 우리가 야훼 곧 '스스로 계신 분'으로 모세와 이스라엘 백성에게 나타나신 영원히 살아 계시는 하나님의 내적 삶에 얼마만큼 접근할 수 있는가에 대한 질문이다. 이것이 앞서 인용한 에베소서에서 우리가 주목해야 하는 바울의 논증이 내포한 중요한 주제, 곧 속죄의 교리와 삼위일체 하나님의 교리 사이의 내적 관계와 관련된 그 주제이다.

바울이 자신의 경험으로부터 배운 것처럼, 이스라엘이라는 매개를 통한 하나님의 자기계시와 그리스도의 십자가를 통한 하나님과의 화해 없이는 그 누구도 하나님 자신에 대한 지식에 접근할 수 없다. 예수 그리스도는 세상에 오시는 구세주의 강림을 위해 하나님이 이스라엘과의 언약 관계를 통해 준비하신 해석적 틀을 통하지 않고는 하나님과 인간 사이의 중재자로 이해될 수 없다. 또한 하나님과 우리의 중재는 이방

그리스도의 중재

인과 유대인 사이, 그리고 그 모두와 하나님 사이의 막힌 담을 허무신 그리스도의 화해의 보혈을 떠나서는 실현될 수 없다. 다시 말해, 유대인과 이방인 모두가 그리스도를 통해 한 성령으로 성부에게 나아갈 수 있는 것은 오직 하나님과의 화해에 기초한 것이다. 그리스도의 중재가 없다면, 이스라엘 백성은 본질적으로 삼위일체적 관계 안에 계신 하나님이 아니라 구별되지 않는 단일성 안에서만 하나님을 알 수 있다. 하나님이 이스라엘이라는 매개를 통해 그분에 대한 인간의 이해를 형성하고 모든 인류에게 제공하신 지식이 없다면, 예수 그리스도와 그분의 십자가 죽음은 당혹스러운 수수께끼에 지나지 않게 된다. 나아가 속죄가 없었다면, 하나님 자신이 그분의 자녀 안에 내주하시는 성령의 오순절 강림은 일어나지 않았을 것이고, 죄 많은 인간이기에 하나님의 거룩함을 견딜 수 없는 우리는 하나님께 가까이 나아가 그분과의 인격적인 교제를 나눌 수 없었을 것이다.

하나님의 초월적인 거룩함과 범접할 수 없는 위엄은 시내산에서 율법을 주신 놀라운 사건에는 물론, 하나님과 이스라엘의 언약이 갱신되는 대속죄일을 기념하기 위해 규정된 거룩한 예전을 통해 이스라엘의 기억과 영혼에 각인되었다. 이스라엘을 대표하는 대제사장은 속죄제물의 희생을 통해 휘장을 지나 지성소 안에 계신 하나님의 임재를 대면했고, 이를 통해 하나님의 평화는 언약의 갱신 속에서 이스라엘 백성에게 다시 주어졌다. 대제사장이 드리는 희생제물과 봉헌물은 그 자체로서 효력이 있다고 보지 않았다. 그것들은 오직 하나님 자신만이 죄를 속죄하실 수 있고 화해를 이루시는 분이라는 사실을 예전적으로 증거하는 순종의 행위가 될 경우에만 효력이 있었다. 이처럼 대속죄일은 하나님 자신이 희생을 위한 어린양을 제공하시고, 그분의 백성을 죄에서 씻으시며, 하나님이 거룩하신 것처럼 그들을 거룩하게 하실 마지막 대속죄일에 대한 약속을 그 안에 담고 있었다.

우리는 마지막 대속죄일에 대한 구약성서의 약속이 바로 예수 그리스도와 그분의 십자가 죽음에서 성취되었다는 사실을 믿음으로 고백한다. 그리스도가 성취하신 것은 희생제사의 반복이 아니다. 속죄의 약속은 휘장을 지나 지극히 높으신 하나님의 임재 안으로 들어간 우리의 대제사장이자 속죄제물이신 그리스도 예수의 육체 안에서 단번에 성취되었다. 마태와 마가와 누가는 예루살렘 성전의 휘장이 예수의 십자가 처형과 함께 실제로 두 폭으로 찢어졌다는 의미심장한 증언을 들려준다. 그리스도는 그분의 피로 우리를 하나님과 화목하게 하셨고, 그리스도의 이름을 믿는 사람마다 그분과 함께 하나님의 거룩한 임재에 들어가 성령을 선물로 받을 수 있는 길을 열어 주셨다. 그리하여 주 예수 그리스도의 은혜와 성령의 교제를 통해 죄 많은 우리 인간은 성부의 사랑 앞으로 나아가 하나님을 멀리 계신 분이 아닌 가까이 계신 분으로 친밀하게 알 수 있게 되었다. 예수 그리스도를 믿음으로 우리는 의롭게 되었고 하나님과 평화를 누리게 되었다. 그렇지 않았다면 우리는 여전히 죄 가운데 용서받지 못하고 은혜에서 소외된 상태에 놓인 채 하나님의 두려운 심판을 기다리며 살고 있을 것이다.

삼위일체에 관한 지식에 필수적인 속죄

계시와 화해에 대한 바울의 가르침이 지닌 함의를 조금 더 구체적으로 살펴보자. 앞서 보았듯이 신적 계시와 화해는 하나님과 인간 사이의 양방향 운동을 포함하기에 우리는 삼위일체 하나님을 이해할 때 인간이 하나님께 나아가는 움직임뿐만 아니라 성육신과 십자가, 곧 성자의 자기비움을 통해 하나님이 인간에게 오시는 움직임 또한 반드시 고려해야 한다. 성자는 헤아릴 수 없는 사랑과 은혜 안에서 자신을 낮추어 우리와 하나가 되심으로 자신을 내어 주셨으며, 피조되고 소외된 인간 존재의 비천한 조건 안으로 들어와 우리로 하여금 그분을 알 수 있게 하셨다.

예수 그리스도가 성부의 사랑하는 아들이라는 사실은 아들 안에서 성부가 그리스도의 고난에 적극적이고 인격적으로 임재하시어 우리의 상실과 어둠에 구속적으로 개입하셨다는 것을 의미한다. 성부가 그분의 사랑하는 아들을 우리 죄를 위한 속죄제물로 주시기까지 다함없는 사랑으로 자신을 주셨기에 십자가는 그리스도의 사랑에 대한 계시인 동시에 성부의 사랑에 대한 계시가 된다. 십자가 안과 뒤에서 우리를 위한 대가를 감당하신 분은 성부 하나님 자신이었기에 십자가는 비유컨대 하나님의 마음으로 열린 창문과도 같다. 이로써 죄를 속죄하는 희생으로 흘리신 그리스도의 보혈을 통해 거룩하고 자비로운 사랑으로서의 성부 하나님의 가장 깊은 본성이 우리에게 나타나게 되었다.

성부에 대한 이와 같은 이해는 우리를 위한 대리적 중재 사역을 행하시고 하나님의 사랑을 우리 마음에 부어 주시는 성부와 성자의 영이신 성령의 본성에 대한 이해와 관련이 있다. 성령 강림은 세상을 자신과 화목하게 하시는 하나님의 화해의 성취의 부분이기 때문에 오순절과 갈보리는 서로 분리될 수 없는 통합 관계에 있다. 그리스도의 십자가와 성령 강림의 불가분적 관계는 그를 믿는 자들에게 생수를 주시겠다는 주님의 약속에 대한 요한의 글에서 분명히 볼 수 있다. "이는 그를 믿는 자들이 받을 성령을 가리켜 말씀하신 것이

그리스도의 중재

라. (예수께서 아직 영광을 받지 않으셨으므로 성령이 아직 그들에게 계시지 아니하시더라)"(요 7:39).

그러므로 **성부와 성자와 성령이신 하나님에 대한 바른 이해는 오직 하나님이 우리에게 가까이 오셔서 우리를 믿음의 응답으로 그분에게 가까이 이끄시고 성령의 은사를 통해 그분과 연합하게 하시는 속죄하는 화해의 운동 안에서만 이루어진다**고 해도 지나친 말이 아니다. 왜냐하면 인류를 향한 하나님의 자기계시는 오직 화해하는 사랑의 양방향 운동 안에서만 그 목적을 성취하기 때문이다. 그리스도와 그분이 십자가에서 드린 자기희생을 통해서만 죄 많고 소외된 인간 존재는 성령에 의해 성부에게로 나아갈 수 있다.

물론 속죄는 인간 편에서 하나님을 달래거나 하나님을 인간과 화해시키는 것을 의미하지 않는다. 하나님은 인간이 드리는 희생제사에 의해 유화되는 분이 아니다. 구약의 예전에서 희생제사를 통해 예배자들에게 다가오시고 그들을 자신에게로 이끄시는 분은 언제나 하나님 자신이었다. 이와 마찬가지로 예수 그리스도의 삶과 죽음, 부활과 승천으로 구현된 속죄의 예전에서 우리에게 다가오시고 우리를 자신에게로 이끄시는 분은 하나님 자신이다. 칼뱅이 《기독교강요》에서 기록했듯이, 하나님은 우리가 자신과 화목하게 되었기 때문에 우리를 사랑하는 것이 아니라 우리를 사랑하셨기 때문에 자신과 화목하게 하셨다.

화해는 시작부터 끝까지 전적으로 하나님이 그분 자신의 계획과 자유 안에서 하나님으로부터 인간 그리고 인간으로부터 하나님을 향해 행하시는 하나님의 용서하고 속죄하는 사랑의 운동이다. 하나님은 주 예수 그리스도 안에서 성육신하신 삶으로 인간과 그분 사이의 두려운 소외의 틈을 메우셨고, 우리의 죄를 짊어지고 속죄하기 위해 그분의 의로운 심판 아래서 우리와 연합하셨으며, 참 하나님이시고 참 인간이시며 하나님과 인간 사이의 유일한 중보자이신 그분 자신 안에서 우리를 하나로 묶으셨다. 바울은 이러한 경이로운 사건을 가리켜 **불경건한 자의 칭의**라고 묘사했다. 성부 하나님은 성자를 통한 화해와 칭의의 속죄하는 운동에서 그분의 마음과 생각을 사랑의 계시로 보이시고, 성령의 교제를 통해 성부와 성자와 성령으로서의 하나님의 자기계시를 수용하고 이해하도록 우리의 마음과 생각을 치유하고 새롭게 하신다. 동시에 우리는 성부와 성자와 성령으로 하나님이 자신을 나타내신 것이 바로 하나님 자신 안에 있는 관계들, 곧 하늘과 땅과 보이는 것과 보이지 않는 모든 것의 창조주이신 전능하신 하나님의 영원하고 초월적인 존재의 내재적 관계들임을 알게 된다.

경륜적 삼위일체(the economic Trinity)와 내재적 삼위일체

(the immanent Trinity) 사이의 존재론적 관계의 핵심은 325년 니케아 공의회에서 성육신하신 성자와 성부 사이의 존재의 단일성 또는 동일성을 뜻하는 '호모우시온'(*homoousion*, 동일본질)이라는 용어로 주의 깊게 표현되었다. 이 용어는 초대교회의 신학자들에 의해 하나님에 대한 성령의 관계에도 바르게 적용되었다. 호모우시온은 존재와 행위에서 성육신하신 성자와 성부 사이에 단절되지 않는 관계가 있는 것처럼, 성령과 성부 사이에도 단절되지 않는 관계가 있다는 신약성서의 가르침을 표현했다. 그렇기에 성부가 하나님으로 인정되는 것과 같은 의미에서 예수 그리스도와 성령도 하나님으로 인정되어야 했다. 이 위대한 진리는 '중재자의 인격'을 다룬 이전 장에서 이미 살펴보았다.

니케아 신조가 표현한 대로 주 예수 그리스도가 성부의 독생자이시며 만세 전에 성부에게서 나셨고 하나님으로부터 나신 하나님이시라면, 성부와 성자 또는 성자와 성부의 관계는 하나님의 영원한 존재 안에 속한다. 성자가 없는 성부 하나님은 아버지가 아니시고 성부가 없는 성자 하나님은 아들이 아니시기에 그리스도의 아들 되심은 성부의 아버지 되심과 마찬가지로 하나님 안에서 영원하다. 예수 그리스도의 구원 행위에서 아버지와 아들로 자신을 나타내신 하나님의 계시는 영원하신 한 분 하나님의 내적 존재에 기초되어 있고 거기로부터 비롯된다. 따라서 독생자 예수 그리스도 안에서 그리고 그분을 통해 성부 하나님이 계시될 때 그리스도는 우리에게 하나님에 대한 지식, 곧 예수 그리스도의 계시와 구원 행위를 통해 우리를 향해 계신 하나님이 그분 자신 안에서 영원히 내재하시는 하나님이시며, 영원히 내재하시는 하나님은 예수 그리스도의 계시와 구원 행위를 통해 아버지와 아들로서 우리를 향해 계신 하나님이시라는 사실을 알게 하신다. 그리고 동일한 이해와 고백이 성부와 성자에 대한 성령의 관계에도 똑같이 적용된다. 이런 이유에서 우리가 믿는 바는 복음을 통해 계시된 성부와 성자와 성령이신 삼위일체 하나님의 관계가 유일하신 하나님의 영원한 존재 안에 있는 궁극적인 삼위일체적 관계에서 비롯되며, 우리는 그리스도 안에서 성령을 통해 삼위일체 하나님의 관계에 참여하도록 인도된다는 것이다.

이제 영원한 하나님의 삼위일체적 관계 안에 있는 속죄의 근거, 성령을 통해 주어진 하나님에 대한 지식의 참여라는 두 가지 주제에 더 깊은 관심을 기울여 보자.

그리스도의 중재

속죄의 삼위일체적 근거

(1) 하나님의 독생자 예수 그리스도는 성부와 한 존재이시며 성육신하신 인격 안에서 불가분하게 연합된 하나님이시자 인간이시기 때문에 성육신과 마찬가지로 성자의 속죄 사역은 삼위일체의 내적 삶에 속해 있다. 속죄는 분명 예수 그리스도의 성육신에서 부활에 이르는 역사적 삶과 행위, 무엇보다 십자가에서의 죽음으로부터 일어났지만, 이는 또한 하나님 자신 안에서 일어난 내적 사건이다. 이미 언급했듯이 십자가는 그리스도의 사랑에 대한 계시일 뿐만 아니라, 하나님의 사랑에 대한 계시이자 하나님의 마음으로 열린 창문이다. 바울이 표현한 대로, 성부가 모든 사람을 위해 독생자를 아낌없이 내어 주신 사건은 십자가의 희생으로 구원의 대가를 치른 분이 아버지와 아들 모두였음을 말해 준다. 그러므로 그리스도의 보혈을 통해 성부 하나님의 본성은 거룩한 사랑으로서 우리에게 알려지게 되었다. 그러나 우리는 또한 성육신하신 아들이 성부 하나님과 하나이며 동일한 존재이신 것처럼, 예수 그리스도의 십자가에서 완성된 속죄 행위는 영원한 하나님의 존재, 즉 삼위일체의 영원한 존재에 근거를 두고 있다고 말할 수 있다.

아타나시우스와 바르트가 각각 다른 방식으로 설명한 신

학적 공리는 하나님의 행위가 그분의 존재와 분리되지 않는다는 것이다. 하나님은 자신의 행위 안에 존재(his being-in-act)하시고, 자신의 존재 안에서 행동(his act-in-being)하신다. 하나님의 행위는 하나님의 존재에 덧붙여진 무엇이 아니라, 그분의 행위 안에 있는 그분 자신의 존재이다. 따라서 속죄 행위는 하나님의 존재 안에 있는 그분의 행위이며, 하나님의 행위 안에 있는 그분의 존재로 여겨야 한다. 행위와 존재의 불가분리성은 십자가에 못 박히신 분이 성부였다고 말하지 않는다. 십자가에서 고난당하고 죽으신 분은 분명 성부와 구별되는 성자였다. 그러나 십자가에서 그리스도의 고난은 단지 인간적인 고난이 아니라 인간적이고 신적인 고난이었다는 점에서 십자가에서의 고난은 실제로 하나님 자신의 고난, 달리 말해서 하나님의 구속 행위 안에 있는 그분의 존재와 하나님의 존재 안에 있는 그분의 고난으로 보아야 한다. 차후 논의하겠지만, 이와 같은 이해는 성령 하나님의 행위와 존재에도 동일하게 적용된다. 그러므로 우리는 속죄를 삼위일체 하나님의 존재에서 비롯된 삼중적인 행위로서 이해하지 않을 수 없다. 성부와 성자와 성령은 위격적으로 서로 구별되지만, 그럼에도 불구하고 하나님 안에서 서로 동일한 존재이며, 그분들의 행위는 한 신격의 불가분리성 안에서 상호침투한다.

구약의 예전이 지닌 상징적 의미로서의 속죄 행위는 희생의 피가 하나님의 속죄소에 뿌려졌을 때 지성소에서 완성되었다. 그렇기에 속죄는 이스라엘 백성의 시선으로부터 완전히 감춰진 성소의 가장 깊은 곳에서 일어나는 불가해한 신비로 여겨졌다. 또한 히브리서는 모든 피조된 현실의 휘장을 뚫고 지성소로 들어가 영원한 성령을 통해 흠 없는 자신을 성부에게 드리신 우리의 위대한 대제사장 예수 그리스도의 속죄 행위를 깊이 생각해야 한다고 말한다. 신약성서나 구약성서는 죄를 위한 속죄에 희생의 피가 필요한 이유를 설명하지 않는다. 하나님의 사랑과 마찬가지로 하나님의 속죄 행위에는 '왜'라는 이유가 없다. 하나님의 사랑의 궁극적인 이유와 동일한 하나님의 구속 행위의 궁극적인 이유는 다름 아닌 하나님의 존재이다. 속죄는 단순히 예수의 십자가 처형이라는 역사적 사건, 즉 도덕적 또는 율법적 용어로 묘사할 수 있는 하나님과 인간 사이의 외적 거래로 설명하거나 이해할 수 없다. 속죄는 궁극적으로 하나님과 인간 사이의 중재자이신 예수 그리스도 안에서 연합된 신성과 인성의 연합이라는 성육신적 신비 속에서 일어나는 사건이기에 하나님의 존재 안에 숨겨진 설명할 수 없는 불가해한 신비로 이해되어야 한다.

그리스도의 행위와 존재 그리고 성부의 행위와 존재가 모순되지 않는 이유는 이 둘 사이에는 존재와 행위의 단절되지 않는 관계가 있기 때문이다. 그분들의 행위와 존재의 단절되지 않는 관계는 속죄에 온전히 적용된다. 십자가에서 단번에 이루신 그리스도의 속죄하는 자기희생은 영원하신 성령을 통해 성부에게 드려져 영원한 구속을 이루었다. 이처럼 속죄는 역사의 한 사건이지만 일시적인 사건이 아니라 최종적인 사건이며 영원히 지속되는 활동이다. 성부는 항상 하나님으로 존재하시지만 항상 창조주로 계시지는 않으셨기에 하나님께도 창조는 새로운 사건이었고, 성자는 항상 하나님으로 존재하시지만 항상 성육신하시지는 않으셨기에 하나님께도 성육신은 새로운 사건이었다. 마찬가지로 성육신을 통한 속죄는 하나님께도 새로운 행위였다. 그럼에도 불구하고 영원한 성령을 통한 그리스도의 행위이자 영원히 살아 계신 하나님의 존재 안에 있는 행위인 속죄는 하나님 자신 안에 영원히 근거를 두고 있고, 하나님의 삼위일체적 존재의 궁극적인 신비 안에 숨겨져 있는 그분 자신의 행위이다.

이제 성육신과 속죄에서 하나님의 존재와 행위의 일치가 단번에 인간과 하나님, 역사와 영원의 관계를 연결한다는 사실은 분명해졌다. 그분의 인격 안에서 하나님과 인간이신 예수 그리스도는 길과 진리와 생명이시며, 그분을 통하지 않고 성부에게로 가는 길은 없다. 예수 안에서 제사장과 희생제물, 봉헌자와 봉헌은 하나가 되었기에 예수는 자신 안에서 우리를 위해 열려진 하나님의 친밀한 임재로 들어가는 새롭고 살

그리스도의 중재

아 있는 길이 되신다. 예수는 우리의 선구자이시며 우리의 대제사장이시다. 예수 안에서 감각과 시간의 장막을 넘어 천상의 세계로 도달하고자 하는 우리의 소망은 확고하고 견고한 닻을 내린다. 예수 안에서 하나님은 우리에게 가까이 오셨고, 예수 안에서 우리는 예수와 함께 거룩한 자요 영원한 성령을 통해 성부에게 드리신 예수의 속죄하는 자기봉헌에 포함된 자라는 완전한 확신을 가지고 하나님께 가까이 나아갈 수 있다. 이것이 바로 죄인인 우리가 그리스도의 보혈을 통해 성령 안에서 성부에게 나아간다는 의미이다. 우리는 하나님이 값없이 제공하신 속죄와 화해의 근거 위에 믿음의 응답으로 하나님께 진정으로 가까이 나아가 그분 자신 안에 계신 하나님을 알 수 있으며, 더 나아가 그리스도의 복음 안에서 성부와 성자와 성령으로 우리를 향해 계신 하나님이 실제로 그분 자신 안에 계시고 항상 계실 하나님이심을 확신할 수 있다. 따라서 우리가 경륜적 삼위일체와 내재적 삼위일체 사이의 존재와 행위와 관련한 중요한 관계를 갖게 되는 것은 예수 그리스도의 성육신적 인격 안에서 구현된 신성과 인성의 연합과 속죄를 통해서이다.

성령의 교제

(2) 오직 하나님만이 하나님을 진정으로 알 수 있기 때문에 우리는 하나님이 그분 자신을 통해 우리에게 자신을 계시하실 때만 비로소 하나님을 알 수 있다. 이와 같은 일은 성령의 교제를 통해 우리가 은혜로 하나님 자신에 대한 지식에 참여할 때 일어난다. 마태복음 11장 25-27절(또는 누가복음 10장 21-22절)과 고린도전서 2장 9-12절은 성령을 통해 우리가 하나님의 지식에 참여하는 사건을 이해하는 데 도움을 주는 성경 본문이다. 마태복음 본문에서 주님은 이같이 말씀하셨다.

> 천지의 주재이신 아버지, 이것을 지혜롭고 총명한 자들에게는 숨기시고 어린아이들에게는 나타내신 것에 감사하나이다. 이것은 분명 아버지의 은혜로운 뜻이니이다. 모든 것은 아버지께서 내게 주신 것이니 아버지 외에는 아들을 아는 자가 없고 또 아들의 소원대로 계시를 받은 자 외에는 아버지를 아는 자가 없느니라. (마 11:25-27)

고린도전서 본문에서 바울은 다음과 같이 말했다.

> 하나님이 자기를 사랑하는 자들을 위해 예비하신 모든 것은 눈

으로 보지 못하고 귀로 듣지 못하고 사람의 마음으로 생각하지
도 못하였나니, 하나님께서 이것을 성령으로 우리에게 나타내
셨느니라. 성령은 모든 것 곧 하나님의 깊은 것까지도 감찰하
시느니라. 사람의 일을 사람의 속에 있는 영 외에 누가 알리요.
이와 같이 하나님의 일도 하나님의 영 외에는 아무도 알지 못
하느니라. 우리가 세상의 영을 받지 아니하고 오직 하나님으로
부터 온 영을 받았으니 이는 우리로 하여금 하나님께서 우리
에게 은혜로 주신 것들을 알게 하려 하심이라. (고전 2:9-12)

먼저 마태복음 본문에서 우리는 성부와 성자 그리고 성자
와 성부 사이에 한정된 지식의 순환이 있다는 것을 알게 된
다. 성부에 대한 지식 없이는 성자를 알 수 없고, 성자에 대
한 지식 없이는 성부를 알 수 없게 되는 한정된 방식 안에서
성부와 성자는 본질적으로 서로 관련되어 있다. 그래서 우리
는 성부를 통하지 않고는 성자를 알 수 없으며, 성자를 통하
지 않고는 성부를 알 수 없다. 성부와 성자가 서로를 아시는
그 지식의 친교에 우리가 참여할 수 있도록 성자가 문을 열
지 않으신다면, 하나님을 아는 지식은 우리에게 불가능하다.
성육신하신 하나님의 아들이시며 말씀이신 예수 그리스도의
계시하는 사역이 바로 이것을 가능하게 한다. 예수 안에서 하
나님은 성부와 성자의 상호지식을 우리 인간의 실존 안에 자

리 잡게 하셨기 때문에, 우리 인간은 예수와 연합하여 그리고 예수를 통해 성부와 성자의 상호지식에 참여할 수 있다.

고린도전서 본문에서 우리는 하나님으로부터 파송된 성령을 받음으로써 하나님을 통한 하나님의 지식이 우리에게 어떻게 주어지는지를 안다. 하나님 안에 내주하시는 성령은 하나님의 존재의 내재적 깊이에서 하나님을 통찰하시고, 그 성령이 우리 안에 내주하심으로 인간으로서는 알 수 없고 생각할 수 없는 하나님의 숨겨진 깊이를 우리에게 드러내신다. 하나님이시며 하나님 안에 내주하시는 성령의 교제를 통해 우리는 성부와 성자의 내적 교제와 상호지식에 참여할 수 있다. 성령은 성부의 영이시며 우리 안에 내주하시는 영이기시에 우리는 성령을 통해 하나님에 대한 지식에 참여하고, 이를 통해 한 분 하나님을 그분의 내적 관계 안에서 성부와 성자와 성령으로 알게 된다. 달리 표현하자면 우리는 그리스도 예수를 통해, 예수의 십자가를 통해, 예수와의 연합을 통해, 성령 안에서 성부에게 나아갈 수 있고, 하나님이 그분 자신 안에서 영원히 성부와 성자와 성령, 다시 말해 계시와 구원 사역 안에서 우리를 향하시는 성부와 성자와 성령 삼위일체 하나님이라는 사실을 알게 된다.

이제 우리는 성부와 성자 사이의 상호내재적이며 호혜적인 관계뿐만 아니라, 성부에게 나아가는 길을 여시고 우리 안

그리스도의 중재

에서 속죄하는 화해의 효력을 이루시는 성자와 성령의 상호 내재적이며 호혜적인 관계도 유념해야 한다. 요한복음에서 주님은 성령을 가리켜 자신을 대신하도록 보내신 보혜사라고 말씀하셨다. 성령은 성육신하신 하나님의 아들 그리스도와 존재와 행위에서 친밀하게 하나이기 때문에, 말하자면 그리스도의 다른 자아(Christ's Other Self)이시다. 따라서 우리 안에 계신 성령의 임재를 통해 그리스도는 우리에게 현존하신다. 성령은 우리가 그리스도 안에서 하나님의 자녀로 입양된 것을 인치시고, 우리를 그리스도와 연합되게 하여 성부에 대한 그리스도의 자녀 관계에 은혜로 참여할 수 있게 하신다. 성령은, 살아 계시고 생명의 수여자이신 하나님의 영으로서 그리스도를 통한 하나님의 자기주심을 우리에게 구현하시고, 그리스도의 제사장적·속죄적·중재적 행위를 우리 안에서 열매 맺게 하신다. 따라서 바울이 로마서 8장에서 우리를 대신하여 기도하시는 성령의 간구 또는 중보 사역을 언급할 때, 그리스도의 대리적 사역을 말하면서 사용한 용어의 강조 형태를 동일하게 사용한다는 점은 주목할 필요가 있다. 우리의 대제사장이신 그리스도의 천상의 변호와 중보는 성령을 통해 우리 안에서 고요히 울려 퍼지고, 성령 안에서 하나님을 향한 우리의 기도와 예배는 성자와 성부와 하나이신 성령에 의해 지지되고 효력을 갖게 된다.

우리는 성육신하신 성자와 성부 사이의 존재와 행위의 일치가 성자의 희생과 더불어 그분의 아들을 우리를 위해 아낌없이 내어 주신 성부의 희생을 중요한 방식으로 전하고 있음을 기억해야 한다. 그래서 우리는 하나님 자신의 고난 또는 고통에 대해 말해야만 한다. 물론 성육신하시고 십자가에서 고난을 당하신 분은 성부가 아닌 성자이셨다. 그러나 하나님의 존재와 행위는 불가분의 관계에 있기 때문에 성부와 성자의 위격적 구별은 존재와 행위에서 둘 사이의 어떤 분열을 의미하지 않는다. 성부와 성자 사이의 존재와 행위의 일치는 성령과 성부, 성령과 성자의 관계에도 동일하게 적용된다. 성육신하여 십자가에서 우리를 위해 죽으신 분은 성령이 아닌 성자이시지만, 성령의 존재와 행위 그리고 그리스도의 존재와 행위 사이에는 모순이 없다. 이는 갈보리에서의 그리스도의 수난과 버림받음 속에서도 성령과 성자 사이에는 존재와 행위가 단절되지 않는 관계가 있었기 때문이다. 성령과 성자의 상호내재적 관계는 성령도 그리스도의 고난과 함께 고난을 받으셨고, 성령도 성부와 마찬가지로 그리스도의 속죄하는 희생으로 함께 고통을 받으셨다는 것을 의미한다. 그러므로 히브리서는 그리스도가 성부에게 속죄의 제물로 자신을 드리신 것은 영원한 성령을 통해서였다고 증언하고 있다.

하나님과 인간 사이의 중재자이신 성자의 성육신과 그분

의 속죄하는 사역을 하나님의 삶 속에서 일어난 것으로 여겨야 하는 것처럼, 우리는 그리스도의 대리적 행위와의 불가분적 관계에 있는 성령의 대리적 행위 또한 분명 하나님의 삶 속에서 일어난 것으로 여겨야 한다. 이러한 이해는 복음에서 우리를 향한 하나님의 자기계시의 삼위일체적 관계와 하나님의 영원한 존재 안에 내재하는 삼위일체적 관계 사이의 가장 중요한 존재론적 유대를 구성하는 진리, 곧 성육신하신 성자와 성부 그리고 성령과 성부가 존재에서 하나라는 진리를 확고하게 한다. 또한 속죄 행위는 예수의 역사적 삶과 죽음에서부터 삼위일체 하나님의 영원한 존재로 나아가 인간과 하나님 사이의 소외의 간극을 극복했기 때문에, 우리는 속죄를 이루는 과정에서 성부와 성자와 성령의 행위가 하나였음을 이해해야 한다.

다시 말하자면, 하나님은 그리스도와 성령의 공동 행위(conjoint activity)에 의해 이루어진 성육신과 속죄를 통해 우리가 그분의 거룩한 임재 안으로 들어가서 삼위일체로 존재하시는 영원한 하나님을 알 수 있도록 문을 열어 주셨다. 하나님이 우리에게, 우리는 하나님께 가까이 다가가는 속죄하는 화해의 양방향 운동 안에서 성부에게 나아가는 길이 주 예수 그리스도의 은혜와 성령의 교제를 통해 우리에게 주어졌다. 그리하여 우리는 놀랍게도 우리 자신의 가치나 능력을 넘어 하나님 자신 안에 있는 지식과 사랑의 영원한 교제와 내적 관계에 참여할 수 있게 되었고, 성부와 성자와 성령 세 위격으로 존재하시는 한 분 하나님을 알 수 있게 되었다.

한 분 하나님과 삼위일체 하나님

그렇다면 우리는 하나님에 대한 그리스도교의 삼위일체적 이해와 유대교의 유일신적 이해를 어떻게 연관시킬 수 있을까? 구약성서에서 하나님은 신적 계시를 통해 그분의 전능한 구속 행위 가운데 **자존하시는 하나님**, 언약적 자비와 메시아적 약속의 성취 안에 계신 **영원하신 하나님** 곧 영원히 살아 계신 주님으로 기록되어 있다.

이스라엘에 대한 신적 계시는 주님의 종 모세의 중재를 통해 시내산에서 십계명이 주어졌을 때 일차적인 형태를 갖추었고, 이스라엘 역사 전반을 걸쳐 하나님의 말씀을 통해 지속적으로 전해졌다. 계시는 때때로 천사를 통해 전달되기도 했지만, 주로 하나님 말씀의 명령과 하나님의 영감으로 말하는 선지자들을 통해 전해졌다. 이때 하나님 자신의 계시는 수반되지 않았는데, 전해진 하나님의 말씀의 내용이 하나님 자체가 아니라 하나님의 거룩한 임재와 말씀을 통해 구원하는 능력이었기 때문이다. 이스라엘과의 독특한 언약 관계 속에서 하나님은 하늘과 땅과 만물의 창조주이시며 그분 외에 다른 신이 없는 유일하신 하나님으로 선포되었고, 유일신 신앙은 이스라엘 주변 이방 국가들의 다신교 문화와 극명한 대조를 이루었다. 참되신 하나님에 대한 지식은 성막과 성전에서 행해진 예전 안에서 하나님과 그분의 구속 목적에 대한 증언을 통해 대대로 유지되었고, 이스라엘의 제사장적·선지자적 전통에서 나온 하나님의 영감을 받은 성서에 의해 시대와 세대를 초월하여 계승되고 깊어졌다. 구약의 예전과 성서를 통해 살아 계신 하나님의 세미한 음성은 항상, 끊임없이 이스라엘의 영혼에 울려 퍼졌으며 유대인의 마음과 성품에 지울 수 없이 각인되었다.

구약의 계시에 나타난 하나님에 대한 지식이 유대교 전통 안에서 이해되고 해석되었을 때 엄밀한 의미에서의 신학적 내용은 부재했다. 예언과 환상이 멈추고 예루살렘이 무너진 후 예전이 중단되면서 하나님은 유대교 안에서 감히 형언할 수 없는 대상으로 경배되었고, 도덕적 계율과 랍비적 해석이 하나님에 대한 신학적 내용을 대체했다. 구약성서의 하나님과는 달리 유대교의 하나님 개념은 부정적인 개념으로 비춰진다. 히브리 성서에서 비롯된 유대교의 강조점은 하나님 자신은 그 누구도 볼 수 없고 알 수 없는 존재라는 것이다. 하나님은 그 자체로 파악될 수 없는 감별 불가능한 유일하신 하나님이므로, 하나님에 대해 알려지거나 말해지는 것은 **하나님 자신의 존재**와 관련되지 않고 언약 백성인 이스라엘과의 상호작용과 세상과의 외적 관계에서 드러난 **하나님의 속성**과만 관련된다. 무엇보다 하나님은 모세에게 "주 하나님, 자비롭고 은혜로우시며 노하기를 더디 하고 한결같은 사랑과 신실함이 풍성하시며 인애를 천대까지 지키시고 악과 허물과 죄를 용서하시되 벌을 제하지는 아니하시고 아비의 죄를 자손 삼사 대까지 보응하시는 분"(출 34:6-7)으로 계시되었다. 유대교의 유일신 교리의 개념적 내용은 토라나 모세 율법, 그리고 선지자들의 가르침에서 파생되었고, 이후 랍비 유대교에서 보존되고 보완된 전통의 해석적 틀을 통해 확대되었다. 유대교의 해석적 틀에서 하나님은 우주의 창조주요 통치자이시며, 유일무이한 주 하나님으로서 그 본질은 무형이고 영원하고 전능하며, 자비와 선함과 정의와 거룩함과 완전함을 특징으로 하는 분이다.

전통적인 랍비 유대교에서는 전능하신 주 하나님의 초월적인 존재와 그 내적 관계를 인간이 알 수 있다는 생각은 받아들여지지 않는다. 이 시점에서 누군가는 전통 유대교가 "신은 지식을 초월하고 선(virtue) 위에 있다"고 주장하면서 신의 초월성에 대한 극단적 견해를 제시한 1세기 유대 철학자 필로(Philo Judaeus)의 이원론으로부터 영향을 받은 것은 아

그리스도의 중재

닌지 의구심을 가질 것이다. 그러나 필로는 로고스(logos) 또는 하나님의 말씀(the Word of God)을 하나님과 세상 사이의 중재 원리로 보는, 로고스에 대한 헬레니즘적 개념을 발전시켰다. 그에 따르면 로고스는 피조물에 대한 하나님의 섭리적인 통제의 도구이자 인간이 하나님을 알 수 있는 수단이다. 그리스도교의 관점에서 볼 때 유대교가 극단적 형태의 초월주의를 극복하기 위해 고려해야 할 것은 하나님의 말씀에 대한 더 깊은 존재론적인 개념이다.

유대인 철학자 마르틴 부버(Martin Buber)가 칸트의 영향을 받은 개신교 근대주의 또는 생각하는 인간을 위한 종교적 사고를 비판했다는 사실은 매우 흥미롭다. 개신교 근대주의에서 더욱 발전된 하나님에 대한 부정적인 개념은 인간의 실존적 자기이해에서 투사된 개념으로 채워졌다. 부버는 그것을 **하나님에 대한 개념적 포기**라고 부르며 비판했다. 부버는 하나님에 대한 인간의 의인화된 관념이 실재하는 하나님 그분(Thou)과 대면하여 그 신화적 투사가 제거되는 히브리 전통에 주목했고, 하나님에 대한 인간의 지식이 그분과의 인격적 만남에 기초되어 있다고 주장했다. 또한 하나님에 대한 개념적 이해가 어떻게 가능한지에 대하여 부버는 스피노자를 인용하면서 하나님에 대한 개념적 이해가 하나님 안에 존재하는 사랑의 관계에 대한 것이라고 설명했다. 부버는 인간이 하나님을 진정으로 알기 위해서는 그분의 외적 관계뿐만 아니라 내적 관계를 이해해야 한다는 사실을 놀라울 만큼 명확하게 인식했다. 그리고 이것이 바로 그리스도교의 삼위일체 교리에서 가장 기초적이고 필수적인 요소이다. 우리는 손가락으로 잡을 수 있는 움푹한 곳이 없는, 표면이 매끄러운 암벽을 오를 수 없다. 마찬가지로 하나님의 존재가 전혀 감별되지 않는 단일한 존재로 특징지어진다면, 여기서 하나님에 대한 개념적 이해는 불가능하다. 그러한 하나님은 오직 부정의 방식(apophatic approach)으로 접근 가능한데, 이때 하나님을 아는 것은 부정의 한 형태가 되며 누구도 하나님이 요구하시는 인격적인 관계에 들어갈 수 없게 된다.

부버가 비판하며 지적한 근대의 개신교 신학의 문제는 사물 자체와 우리에게 보이는 사물의 분리, 즉 현상과 사물의 근본적인 분리를 상정하면서 사물은 우리에게 외적 관계에서만 알려지고 그 자체로는 알려지지 않는다고 주장했던 칸트의 이원론적 형이상학에서 비롯되었다. 칸트는 자연의 법칙이라고 부르는 것이 자연에 내재하는 합리적 구조로부터 파생된 것이 아니라 인간이 자연에 외부적으로 부과한 것이라고 주장했다. 그러나 이러한 지식의 이원론적 개념은 우리 시대의 가장 위대한 유대인 사상가 중 한 명인 아인슈타인에 의해, 특히 그의 일반상대성이론(the theory of general relativity)

그리스도의 중재

이 가져온 지식에 대한 심오한 변혁에 의해 완전히 무너졌다. 아인슈타인은 상대성이론에서 칸트와 계몽주의의 이원론적 사고방식을 배격하고 폐기시켰다. 진정한 과학적 탐구에서 경험적 데이터는 선입견과 독립된 사고체계의 관점으로 해석될 수 없기 때문이었다. 아인슈타인은 자연에 대한 인간 지식의 모든 단계에서 합리적 요소와 경험적 요소는 불가분하게 통합되어 있고, 탐구 분야에서 진정한 지식은 사물 또는 대상의 내적 관계에 침투하여 그것의 본질을 적합한 방식으로 표현할 때만 확립된다는 것을 입증했다.

물론 지금 논의의 관심사는 시공간의 세계에 대한 과학적 지식과 관련하여 상대성이론이 내포하는 함의를 다루는 것이 아니다. 우리는 지식 이론(the theory of knowledge)에 대한 아인슈타인의 교정이 삼위일체 하나님에 대한 교리와 한 분 하나님에 대한 교리를 분리시킨 이원론적 사고방식을 약화시켰다는 점을 주목해야 한다. 실제로 지식에 대한 아인슈타인의 이해는 고대 세계의 헬레니즘 문화를 지배했던 이원론적 사고방식을 전복시키고 그리스도교의 삼위일체 교리를 공식화할 수 있는 토대를 마련한 니케아 신조의 동일본질 교리와 이를 통해 신학에서 확립된 통합적이고 일원론적인 사고방식을 강화시킨다. 모든 합리적이고 과학적인 지식의 본질에 대한 아인슈타인의 공헌이 하나님의 교리에 대한 접근 방식에서 유대교와 그리스도교가 **자신 안에 계신 하나님**과 **계시에서 나타나신 하나님** 사이의 이원론적 분리를 거부하며 서로 가까워지는 데 도움이 될 수 있기를 기대한다.

내가 보기에 하나님의 교리에 대한 상호 간의 일원론적 이해는 하나님 자신이 계시의 내용이며, 하나님의 말씀은 단순히 하나님에 관한 말씀이 아니라 우리를 향한 하나님의 자기전달과 자기소통이라는 사실에 대한 더 깊은 인식을 포함할 것이다. 오늘날 등장한 많은 메시아닉 유대인(Messianic Jews) 회중에게서 이런 종류의 화해가 실제로 일어나고 있으며, 이것은 그들로 인해 늘어나고 있는 유대교와 그리스도교 성서학 분야에 대한 공동의 연구와 함께 그리스도교 성서 이해에 긍정적인 영향을 줄 것이다. 무엇보다 이러한 화해에 결정적인 요소는 하나님과의 화해이다. 하나님과 화해하지 않고서는 하나님을 진정으로 알 수 있는 방법이 없기 때문에, 계시의 내적 동력인 화해 없이는 하나님의 교리에 대한 둘 사이의 화합은 이루어질 수 없다.

속죄의 이해에 필수적인 삼위일체

앞서 우리는 하나님을 삼위일체로 이해하기 위해 속죄가 필

그리스도의 중재

요하다는 사실을 살펴보았다. 우리는 오직 성자를 통해 그리고 성령 안에서 성부에게 나아갈 수 있고, 성부와 성자와 성령으로 존재하시는 하나님에 대한 지식에 참여할 수 있기 때문이다. 이제 속죄를 이해하기 위해 삼위일체가 필요하다는 사실을 숙고할 것인데, 이는 하나님이 성자를 통해 그리고 성령 안에서 우리에게 자신을 성부와 성자와 성령으로 나타내셨기 때문이다.

　　지금까지 우리는 성부에 대한 성자와 성령의 관계, 그리고 삼위일체의 내적 관계에 적용되는 동일본질이 표현하는 경륜적 삼위일체와 내재적 삼위일체 사이의 가장 중요한 존재론적 연관성에 집중했다. 동일본질은 계시와 구원 행위 안에서 성부와 성자와 성령으로 우리를 향해 계시는 하나님이 자신 안에서 영원한 하나님이시며, 자신 안에서 성부와 성자와 성령으로 영원한 하나님이 또한 그리스도와 성령을 통한 계시와 구원 행위 안에서 우리를 향해 계시는 하나님이라는 믿음을 공식화했다. 지금부터 강조할 것은 하나님이 성부와 성자와 성령이라는 삼중적인 방식으로 자신을 우리에게 알리셨기 때문에 삼위일체는 그리스도교 구원 메시지의 핵심이라는 사실이다. 즉, 삼위일체 하나님과의 완전한 교제는 완전한 구원을 의미한다. 다시 말해, 우리의 구원이 자신 안에서 영원히 성부와 성자와 성령이신 하나님의 궁극적인 존재로부터 기인하지 않는 한, 그것은 결국 신적 타당성과 구원하는 능력이 결여된 구원에 불과하다.

주 예수 그리스도를 구주로 믿는 신앙에서 그리스도와 하나님 사이에 신적 임재와 행위의 끊어지지 않는 연속성이 없다면, 예수 그리스도와 그분이 대표하는 모든 것은 인류의 궁극적인 운명과 무관함이 분명하다. 예수 그리스도가 성육신하신 성자 하나님이 아니시라면, 그때 복음에서 우리에게 선포되는 하나님은 우리를 지극히 사랑하시는 하나님이 아니며, 예수 그리스도 안에서 우리와 연합하지 않고 자신을 우리와 동일시하지 않는 사랑이 부족한 하나님이다. 오직 하나님만이 죄를 용서하실 수 있기 때문에, 만일 그리스도가 하나님이 아니시라면 그분이 하신 죄 용서의 말씀은 신적 실체가 없는 공허한 말씀이 된다. 그리스도가 하나님과 동일한 존재이자 우리 자신과 동일한 존재가 아니시라면, 우리를 위한 십자가의 속죄하는 희생과 우리의 구원은 사실상 신적 타당성과 구원하는 능력을 갖지 못한다.

신약성서는 예수 그리스도가 하나님이실 경우에만 세상의 구주이심을 분명하게 드러낸다. 예수의 행위가 신적 행위일 경우에 한하여 공생애와 죽음, 그리고 부활이라는 그분의 모든 행위는 구원하는 행위가 된다. 이미 말한 대로, 바로 이것이 니케아 공의회에서 공식화된 동일본질 교리의 복음적

그리스도의 중재

의미였다. 예수 그리스도와 영원한 하나님 사이에 존재와 행위의 일치가 없다면, 복음의 구원 메시지는 무너지고 우리는 여전히 죄의 굴레에 갇혀 있을 것이다. 그리스도의 신성은 복음의 바로 그 본질이었다. 따라서 동일본질은 성육신하신 성자 주 예수 그리스도 안에서 하나님이 자신을 전적이며 무조건적으로 우리에게 주셨고, 영원히 전능하신 하나님이 예수 그리스도의 탄생과 삶과 죽음과 부활에서 우리와 우리의 구원을 위한 되돌릴 수 없는 보증이 되었다는 사실을 최종적으로 표명한 것이다.

성령에 대한 우리의 믿음에서 성령과 하나님 사이에 임재와 행위의 끊어지지 않는 연속성이 없다면, 성령과 그분의 모든 다양한 활동은 결국 우리를 위한 구원의 중요성을 지닐 수 없음이 분명하다. 성령이 하나님이 아니시라면, 성령을 통한 하나님과의 교제는 허락되지 않으며 하나님의 구속하고 성화하는 임재는 전해지지 않는다. 그러므로 동일본질은 성령에게도 올바르게 적용되어 그리스도와 하나님 사이는 물론 성령과 하나님 사이에도 존재와 행위에서 단절되지 않는 관계가 있고, 또한 성령과 그리스도의 관계도 이와 같다는 진리를 표현했다.

성령은 존재와 행위에서 성부와 성자와 완전히 하나이시며, 성령 안에서 하나님은 자신 이외의 어떤 것으로도 우리 인간 존재와 대면하지 않으신다. 성령은 성부와 다른 신적 위격이시고 단지 성부로부터 나오는 신성한 힘이 아니며, 성령은 하나님의 영이시기에 하나님과 분리될 수 있는 어떤 활동이나 은사가 아니다. 성령은 인간의 존재와 생명의 창조적이고 지속적인 원천으로서 우리와 하나님과의 관계를 깨닫게 하기 위해 우리에게 현존하시는 하나님의 초월적 자유이시다. 성령은 우리를 성화시키고 생명을 주며 구속하는 하나님의 손길이시며, 우리를 자신과의 교제로 이끄시고 우리와 그분과의 교제를 하나님과 자신의 관계 안에서 지탱하시는 분이시다. 이는 성령이 우리에게 오시는 하나님인 동시에 우리 안에 내주하시는 하나님이며, 자신과의 구원의 교제를 통해 우리를 붙들어 주시는 하나님이시기 때문이다. 성령 안에서 하나님은 그분 자신을 우리에게 주시는 분이며, 성령 안에서 하나님의 선물(the divine Gift)과 선물을 주시는 분(the divine Giver)은 하나이며 동일하다.

하나님이 주 예수 그리스도와 성령을 통해 속죄하는 화해와 구원하는 능력으로 우리에게 자신을 나타내신 것은 구원하는 복음에 대한 본질에 속한 것이 분명하다. 구원하는 복음은 하나님의 아낌없는 사랑 안에서 우리를 향한 하나님의 삼중적 자기소통(threefold self-communication of God)으로, 성부와 성자와 성령은 위격과 행위에서 서로 구별되지만 어떤 위격도 다른 위격으로부터 분리되지 않는다는 점에서 완전하고 불가분하게 하나이다. 성부는 성자와 성령을 떠나서는 성부가 아니시고, 성자는 성부와 성령을 떠나서는 성자가 아니시며, 성령은 성부와 성자를 떠나서는 성령이 아니시다. 성부와 성자와 성령은 상호내주하시고 상호내포하시며 상호침투하시는 관계에서 완전히 하나이다. 성부와 성자와 성령 사이의 이러한 삼위일체적 관계는 그분들의 모든 활동에 적용되며, 특히 성자와 성령을 통해 성부에게 나아가는 모든 사람이 죄와 죽음과 심판으로부터 구속되고 구원받는 속죄와 화해의 운동에 적용된다. 그러므로 거룩한 삼위일체에 대한 신앙은 단순히 하나님의 내적 삶과 존재에 대한 지식이 아니라, 영원한 하나님의 사랑에 근거하여 흘러나오는 구원하는 복음의 본질과 관련이 있다. 실로 하나님이 성부와 성자와 성령으로서 자신을 우리에게 삼위일체로 주신 것이 인간의 구원이다. 이와 같은 사실이 고린도 교회 성도들을 향한 바울의 축도에 간결하고도 아름답게 표현되어 있다. "주 예수 그리스도의 은혜와 하나님의 사랑과 성령의 사귐이 너희 무리와 함께 있을지어다"(고후 13:13). 이처럼 성부와 성자와 성령이신 한 분 하나님에 대한 사랑은 그리스도교 신앙과 예배의 내적 구조에 속하며, 하나님의 단일성과 삼위일체 교리는 그리스도교 신학의 근본적인 문법을 구성한다.

역자 후기

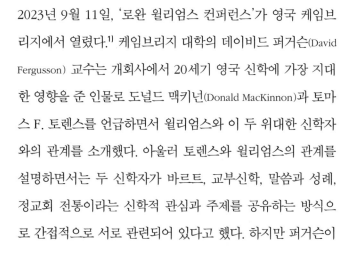

2023년 9월 11일, '로완 윌리엄스 컨퍼런스'가 영국 케임브리지에서 열렸다.[1] 케임브리지 대학의 데이비드 퍼거슨(David Fergusson) 교수는 개회사에서 20세기 영국 신학에 가장 지대한 영향을 준 인물로 도널드 맥키넌(Donald MacKinnon)과 토마스 F. 토렌스를 언급하면서 윌리엄스와 이 두 위대한 신학자와의 관계를 소개했다. 아울러 토렌스와 윌리엄스의 관계를 설명하면서는 두 신학자가 바르트, 교부신학, 말씀과 성례, 정교회 전통이라는 신학적 관심과 주제를 공유하는 방식으로 간접적으로 서로 관련되어 있다고 했다. 하지만 퍼거슨이

---

1) 로완 윌리엄스 컨퍼런스 전체 녹화 영상은 https://www.youtube.com/watch?v=8RBQ3bBZbWs에서 볼 수 있다.

말한 것보다 좀 더 긴밀한 토렌스와 윌리엄스의 관계를 윌리엄스의 책《그리스도: 창조의 중심》(*Christ the Heart of Creation*, 2018)에서 발견할 수 있다. 책의 서문에서 윌리엄스는 자신의 그리스도론 형성 과정에 직접적인 영향을 준 신학자들을 언급하는 가운데 토렌스에 대해 다음과 같이 평가한다.[2]

> 토마스 토렌스의 신학, 특히 그의 그리스도론은 이 주제에 관한 나의 신학적 성찰에 지대한 영향을 주었다.[3]

이번에 우리말로 번역하여 펴낸 이 책《그리스도의 중재》(*The Mediation of Christ*)는 윌리엄스뿐만 아니라 동시대의 많은 신학자들에게 큰 영향을 끼친 토렌스의 그리스도론을 집약적으로 담아내고 있다. 이 책에서 토렌스는 그리스도의 중재를 계시와 화해의 측면에서 다루는 동시에 삼위일체적이고 과학적인 방식으로 풀어내고 있다.

---

2) 윌리엄스는 자신의 그리스도론에 영향을 준 신학자로 오스틴 패러(Austine Farrer, 1904-1968), 케스린 테너(Kathryn Tanner, 1957-), 허버트 맥케이브(Herbert McCabe, 1926-2001)와 함께 토마스 토렌스를 언급한다. 윌리엄스는 이 네 명에게서 그리스도론의 구조와 원리에 대한 신학적 통찰을 얻은 것으로 보인다.
3) Rowan Williams, *Christ the Heart of Creation* (London: Bloomsbury Continuum, 2018), xiv.

토마스 토렌스의 생애와 신학적 업적[4]

토마스 포시스 토렌스(Thomas Forsyth Torrance, 1913-2007)는 1913년 8월 30일 중국 서부 쓰촨성 청두에서 중국내지선교회(China Inland Mission) 파송 선교사인 토마스 토렌스(Thomas Torrance)와 애니 엘리자베스 토렌스(Annie Elizabeth Torrance)의 장남으로 태어났다. 청두에서 유년기를 보낸 토렌스는 이후 스코틀랜드로 돌아와 에든버러, 바젤, 옥스퍼드 대학에서 공부했다. 1934년 에든버러 대학 뉴칼리지에서 신학을 공부하면서는 휴 로스 매킨토시(Hugh Ross Mackintosh, 1870-1936)와 다니엘 라몬트(Daniel Lamont, 1869-1950)의 영향을 크게 받았는데, 매킨토시에게서는 그리스도의 중심성에 대해 라몬트에게서는 신학의 과학적 구조와 방법론에 대해 통찰을 얻었다. 토렌스는 매킨토시로부터 그리스도 중심적 신학 방법론을 배우면서 칼 바르트(Karl Barth, 1886-1968)의 신학을 소개받았다. 1936년에는 블래키 펠로우십(Blackie Fellowship)으로 팔레스타인과 아랍 국가들, 터키와 그리스에서 6개월간 머

---

4) 이 부분은 역자가 공저로 참여한《우리 시대의 그리스도교 사상가들 II》(도서출판 100)에서 발췌했다. 이 책에서 독자들은 토렌스의 생애와 저술뿐만 아니라 토렌스 신학의 특징, 토렌스 신학의 평가와 전망, 토렌스 신학 공부를 위한 기초적이며 핵심적인 자료들을 안내받을 수 있다.

물며 신학을 연구했다. 다시 에든버러로 돌아온 후 최우등으로 졸업했고, 에이켄 펠로우십(Aitken Fellowship)을 지원받아 1937년부터 바젤 대학에서 공부했다. 이때 바르트의 지도하에 "속사도 교부들의 은혜 교리"(Doctrine of Grace in Apostolic Fathers) 논문을 작성했다.

1938년 에든버러로 잠시 돌아왔다가 미국으로 건너간 토렌스는 존 베일리(John Baillie, 1886-1960)의 뒤를 이어 뉴욕 북부의 오번 신학교에서 그리스도론 및 신학과 자연과학의 상호관계성에 대해 강의했다. 그의 강의는 오번을 넘어 다른 미국 신학교들까지 소문이 났고, 1939년 프린스턴 대학에서 교수직을 제안해 왔다. 하지만 유럽에 임박한 전쟁으로 에든버러로 돌아가면서 성사되지 못했다. 군목에 지원한 토렌스는 많은 대기자로 인해 기다려야 했는데, 그 기간 동안 옥스퍼드 대학의 오리엘 칼리지에서 연구를 계속했다. 1940년 3월 20일 목사 안수를 받았고 1943년까지 스코틀랜드 알리스의 교구 목사로 사역했다. 이후 군목으로 제2차 세계대전 동안 복무하면서 삶과 죽음의 가장 첨예한 순간을 경험했고, 이러한 경험은 '종이 신학'(paper theology), 즉 흥미롭게 읽을 수는 있지만 살고 죽는 인간의 실존을 논하기에는 부적합한 지극히 사변적이고 형이상학적 신학을 거절하는 계기가 되었다.[5]

전쟁 이후 토렌스는 알리스 교구로 다시 돌아왔고 1946

년 마가렛 스피어(Margaret Spear)와 결혼했다[세 자녀 중 막내아들인 이안 토렌스(Iain Torrance)는 프린스턴 신학교 총장을 역임했다]. 이듬해인 1947년 스코틀랜드 애버딘의 비치그로브 교회에 부임하여 3년간 목회 사역을 했다. 1948년에는 바르트와 에밀 브루너(Emil Brunner, 1889-1966) 사이의 자연신학논쟁을 풀기 위한 시도로 《칼뱅의 인간론》(*Calvin's Doctrine of Man*, 1949)을 출간하였고, 저명한 신학 학술지인 〈스코틀랜드 신학 저널〉(*Scottish Journal of Theology*)을 잭 레이드(Jack Reid, 1910-2002)와 함께 창간하여 27년 동안 공동 편집자로 일했다.

1950년 에든버러 대학 뉴칼리지 교회사 교수가 되었고 1952년부터 1979년까지 교의학 교수로 재직했다. 이 기간에 그는 신학의 다양한 주제들을 가르쳤을 뿐 아니라 학문적 활동에도 집중했다. 1952년에 제프리 브로밀리(Geoffrey Bromiley, 1915-2009)를 포함한 번역팀을 조직하여 바르트의 《교회교의학》(*Kirchliche Dogmatik*)을 영어로 옮기기 시작했다. 이 프로젝트는 25년이나 걸렸고, 이 번역을 통해 토렌스는 바르트 신학과 지속적인 관계를 유지했다.

---

5) David W. Torrance, "Thomas Forsyth Torrance: Minister of the Gospel, Pastor and Evangelical Theologian," in *the Promise of Trinitarian Theology: Theologians in Dialogue with T. F. Torrance*, ed. Elmer M. Colyer (Lanham, MD: Rowman & Littlefield, 2001), 17.

토렌스는 여러 단행본과 논문도 출간했다. 삼위일체론과 교회론에 대한 논문들을 모아 《재건의 신학》(*Theology in Reconstruction*, 1965)을 펴냈고, 3부작인 《신학적 과학》(*Theological Science*, 1969), 《공간, 시간, 성육신》(*Space, Time and Incarnation*, 1969), 《하나님과 합리성》(*God and Rationality*, 1971)도 출간했다. 앞의 세 권의 책에서 토렌스는 여러 방법론에 초점을 두고 신학을 하나님의 자기계시를 통해 지배되는 독특하고 교의적인 과학으로 제시하였다. 3부작 중 하나인 《신학적 과학》은 영국에서 신학, 윤리, 사회학 분야의 최고 작품으로 선정되어 '콜린스상'을 수상했다. 또한 신학과 과학 분야의 논의와 연구 업적을 인정받아 종교계의 노벨상으로 불리는 '템플턴상'을 수상했다(1978년).

토렌스는 세계교회협의회 신앙 및 직제 위원회 위원, 스코틀랜드 교회 세례 위원회 의장, 스코틀랜드 교회 총회장(1976-77년)을 역임했다. 그는 교부와 종교개혁신학에 남다른 이해와 깊이를 가지고 개혁교회와 정교회 간의 신학적 대화를 주도했으며, 그 결과 정교회와 개혁교회세계연맹(WARC)은 1991년 3월 13일 제네바에서 '성삼위일체에 대한 합의된 성명서'(Agreed Statement on the Holy Trinity)를 발표할 수 있었다.

토렌스는 앞서 언급한 저서 외에도 신학 및 과학 분야에 많은 글을 남겼다. 알려진 바로는 그가 1941년부터 1999년

까지 직접 썼거나 번역 혹은 편집한 책과 논문은 633편이
다.[6] 신학 분야에서 가장 중요한 작품으로 읽히는 그의 저
서는 《삼위일체 신앙》(*The Trinitarian Faith*, 1988), 《그리스도의
중재》(*The Mediation of Christ*, 1992), 《그리스도교 신론: 한 본질
세 인격들》(*The Christian Doctrine of God: One Being Three Persons*,
1996), 《성육신》(*The Incarnation*, 2008), 《속죄》(*The Atonement*,
2009) 등이다. 그의 신학과 과학에 대한 생각들을 알 수 있는
가장 중요한 작품으로는 앞서 언급한 《신학적 과학》, 《공간,
시간, 성육신》, 《하나님과 합리성》 외에 《신학의 기초와 원
리》(*The Ground and Grammar of Theology*, 1980), 《하나님의 우발
적 질서》(*Divine and Contingent Order*, 1998)가 있다.

　토렌스 신학에 대한 좋은 입문서로는 알리스터 맥그
래스가 쓴 《토마스 토렌스: 지성적 전기》(*T. F. Torrance: An
Intellectual Biography*, 1999) 외에 《토마스 토렌스를 읽는 방법》
(Elmer M. Colyer, *How to Read T. F. Torrance*, 2001), 《토마스 토렌스:
삼위일체의 신학자》(Paul D. Molnar, *Thomas F. Torrance: Theologian
of the Trinity*, 2009)를 꼽을 수 있다. 현재 국내에 번역된 토렌스
의 저서로는 《참 그리스도를 전하라》(*Preaching Christ Today*, 베

---

6) Alister E. McGrath, *Thomas F. Torrance: An Intellectual Biography* (Edinburgh:
　T&T Clark, 1999), 249-296.

드로서원 역간), 《칼 바르트: 성서적 복음주의적인 신학자》(*Karl Barth: Biblical and Evangelical Theologians*, 한들 역간), 그리고 이 책 《그리스도의 중재》(사자와어린양 역간)가 있다.

토렌스는 개신교 목사로, 신학자로, 교수로, 교회 활동가로서 지대한 공헌을 남겼다. 그의 사역을 돌이켜볼 때 그가 지난 세기를 대표하는 신학자로 인정받는 것은 그리 놀라운 일이 아니다. 바르트의 신학을 영어권에 소개하고, 다양한 신학·철학·과학적 인식론의 활용 가운데서 그리스도교 교의학의 깊이와 이해를 보여 주고, 신학과 과학의 통합적 사고를 제시하고, 개혁교회와 정교회 간의 신학적 대화를 주도한 일은 신학계에 남긴 토렌스의 큰 업적일 것이다. 생애 마지막 몇 년을 요양원에서 보내면서도 신학에 대한 관심과 연구를 멈추지 않았던 토렌스는 2007년 12월 2일 세상을 떠났다.

《그리스도의 중재》 각 장 요약

1장 계시의 중재

하나님의 계시는 이스라엘을 통해 인류에게 중재되었다. 하나님은 이스라엘과의 언약 관계 속에서 자신을 점진적으로 알리셨으며, 이스라엘은 계시를 받아들이고 구현하는 백성이 되었다. 이 과정에서 이스라엘은 하나님과의 친밀한 관계와 내적 연대를 통해 호혜적 공동체로 존재했다. 하나님의 계시는 이스라엘의 구체적인 삶과 역사 속에서, 곧 이스라엘 백성, 땅, 역사와의 불가분의 관계에서 그들의 실존적 경험을 통해 총체적으로 전달되었다. 이스라엘에게 주어진 계시는 하나님을 사유하고 표현하는 영구적인 구조를 제공했고, 이는 후에 예수 그리스도를 이해하는 데에 토대가 되었다.

예수 그리스도의 성육신은 이스라엘의 역사와 계시의 절정이자 성취였다. 예수 안에서 하나님은 자신을 완전히 계시하셨고, 이스라엘을 통해 준비된 계시의 개념과 구조는 예수를 이해하고 전하는 데 사용되었다. 예수는 성부와 본질적으로 하나이시며 성부의 본성 자체이자 계시 그 자체이시다. 예수 안에서 하나님의 존재와 행위는 일치를 이루고 예수는 궁극적인 중재자로서 하나님과 인간 사이를 잇는 중재자가 되신다.

그러므로 하나님의 계시의 중재에서 이스라엘의 역할과 예수 그리스도의 성육신은 불가분의 관계에 있다. 이스라엘이라는 맥락 없이 예수를 온전히 이해할 수 없으며, 예수 없이 이스라엘의 계시의 중재는 완성될 수 없다. 이러한 관점에서 우리는 구약과 신약, 유대교와 그리스도교, 계시와 성육신이 유기적으로 연결되어 있다는 것과 계시의 중재를 하나님의 구원 경륜 안에서 통전적으로 이해해야 한다.

2장 화해의 중재

하나님은 이스라엘을 자신과 인류와의 화해를 중재하는 백성으로 선택하셨다. 이스라엘은 하나님과의 친밀한 관계로 인해 내재된 긴장과 갈등을 경험했지만, 하나님은 그들의 반역과 죄악마저도 화해의 성취를 위한 도구로 사용하셨다. 하나님은 성육신 안에서 타락하고 소외된 인간 본성을 자신의 것으로 취하심으로써 근본적인 화해를 이루셨다. 예수 그리스도는 인류의 죄를 대속하는 삶과 죽음을 통해 인간 존재를 본질적으로 변화시키셨고 궁극적인 화해를 이루셨다. 이와 같이 화해의 중재는 이스라엘의 실존과 더불어 하나님이 우리의 타락한 인간성을 자신의 것으로 삼으신 성육신의 신비와 깊은 연관성을 지닌다.

하나님과 인간 사이의 소외를 극복하는 화해의 중재는 유대인과 그리스도인이 메시아 안에서 하나 되어 온 인류를 향한 화해의 복음을 선포해야 함을 촉구한다. 이스라엘은 하나님의 화해 사역에서 필수적인 역할을 여전히 담당하고 있기에 그리스도교회는 유대인과의 연합 속에서 화해의 사명을 완수할 수 있다. 그러므로 우리가 이스라엘의 오랜 고난의 역사를 계시와 화해의 중재와 관련하여 이해할 때, 유대인과 그리스도인의 화해를 향한 신학적 성찰이 생겨나며 그리스도 안에서 이루어지는 유대인과 그리스도인의 연합이 화해를 위한 하나님의 계시에 본질적이라는 사실이 분명하게 드러난다.

3장 중재자의 인격

중재자이신 예수 그리스도의 인격은 하나님과 이스라엘의 언약 관계의 궁극적인 성취로서 그 언약 관계 속에서 조명되어야 한다. 이는 이스라엘의 역사를 통해 준비된 계시와 화해의 모든 것은 예수 그리스도의 인격 안에서 구현되었고 성취되었기 때문이다. 하나님과 인간 사이의 유일한 중재자이신 예수 그리스도의 인격은 신성과 인성의 연합을 온전히 이루었다. 성육신을 통한 위격적 연합에서 신성과 인성은 서로 분리되거나 혼합되지 않고 온전하게 연합되었다. 예수 그리스도의 중재 사역은 단순히 신성과 인성의 외적인 결합이 아니었으며, 인간의 타락한 본성을 치유하고 회복시키는 내적이고 존재론적인 화해를 이루었다. 다시 말해, 속죄하는 화해는 성육신하신 중재자의 인격 안에서 일어난 사건이었다.

예수 그리스도는 인격화하는 인격이자 인간화하는 인간이시다. 인간을 창조하신 하나님의 말씀이신 그리스도는 성육신 안에서 인간 존재를 온전히 인격화하셨고, 타락과 죄로 인해 비인간화된 인간성을 근원적으로 치유하고 회복하셨다. 그리스도 안에서 인간은 창조주와의 인격적 관계를 회복하고 진정한 인간다움을 실현하게 되었다. 그러므로 교회는 중재자 그리스도와의 연합을 통해 단순한 도덕적 공동체가 아닌 그리스도의 몸으로 변화된다. 그리스도와 연합된 교회 안에서 인간 존재와 관계는 치유되고 회복되며 끊임없이 새로워진다. 이런 점에서 그리스도의 중재 사역은 개인의 구원뿐만 아니라 인간 공동체와 사회구조의 근본적인 쇄신을 위한 복음의 약속이 된다.

4장 인간성으로 응답하는 그리스도의 중재

하나님과 인간 사이의 중재자이신 예수 그리스도는 하나님에 대한 인간의 응답을 자신의 인간성 안에서 대리적으로 성취하셨다. 그분은 성육신을 통해 타락한 인간성을 취하셨고 십자가의 고난과 순종을 통해 인간을 대신하여 온전히 응답해 우리가 성부께 응답할 수 있는 온전한 길을 자신 안에서 열어 주셨다. 따라서 그리스도의 대리적 인간성은 그리스도인의 믿음, 회심, 예배, 성례, 복음 전도에 토대를 이룬다. 복음의 모든 행위가 우리를 위한 그리스도의 대리적 응답에서 비롯되고 유효하기 때문이다.

구체적으로, 우리의 믿음은 그리스도의 신실하심에 놓여

있다. 우리의 연약한 믿음이 그리스도의 완전한 믿음에 뿌리 내릴 때, 그분의 믿음은 우리의 믿음을 지탱하고 온전하게 한다. 그러므로 믿음은 그리스도와의 연합을 통해 허락되는 하나님의 선물이다. 회심은 인간의 결단이 아닌 그리스도의 대리적 행위에 근거한다. 그리스도는 우리의 옛 자아를 십자가에 못 박았고 새로운 생명을 주셨다. 그렇기에 회심은 그리스도의 구속 사역을 통해 이루어지는 전인격적인 변화이다. 예배는 그리스도의 자기봉헌에 기초하여 드리는 인간의 행위이다. 우리는 성령을 통해 우리를 대신하여 온전한 기도와 예배를 드리신 그리스도와의 연합 안에서 성부에게 예배할 수 있다. 성례 또한 그리스도의 대리적 응답의 은혜를 보여 준다. 세례는 그리스도의 죽으심과 부활에 연합되어 새 생명을 얻음을, 성찬은 그리스도의 몸과 피에 참여함으로 그분과 연합하게 됨을 확증한다. 이를 통해 성도는 그리스도의 대리적 사역을 지속적으로 의지하며 살아가게 된다. 복음 전도는 그리스도의 대리적 사역에 대한 교회의 선포이다. 전도의 내용은 조건 없는 은혜의 복음이며, 전도의 목적은 그리스도에 대한 전적인 신뢰이다. 이와 같이 그리스도인의 모든 응답은 오직 그리스도의 신실하심에 근거해 있다.

그리스도의 중재

5장 속죄와 거룩한 삼위일체

속죄는 단순히 십자가에서 이루어진 그리스도의 희생이 아니며, 성부, 성자, 성령 삼위일체 하나님의 구원하는 사건이다. 성자의 성육신과 속죄는 성부의 보내심으로 이루어졌고, 성자의 순종으로 성취되었다. 십자가에서 드린 그리스도의 희생제사는 영원하신 성령을 통해 성부께 드려졌다. 이처럼 그리스도의 성육신과 속죄 사역은 성부, 성자, 성령 삼위일체 하나님의 구원 사역으로서 하나님의 영원한 삶에 속한 사건이다. 그러므로 속죄를 온전하게 이해하기 위해서는 삼위일체 교리가 필수적이다. 동시에 삼위일체 하나님을 온전히 알기 위해서는 속죄 교리가 필수적이다. 속죄가 없이는 아무도 거룩하신 하나님께 나아갈 수 없기 때문이다. 인간은 오직 그리스도의 속죄를 통해서만 성령 안에서 성부께 나아갈 수 있다. 속죄 사역을 통해 예수 그리스도는 우리의 죄를 용서하시고 하나님과 화목하게 하셨으며, 성령의 교제를 통해 우리를 거룩한 삶으로 인도하신다.

오직 그리스도의 속죄 사역과 성령의 중재를 통해서만 성부와 교제할 수 있다는 사실은 우리에게 속죄와 삼위일체가 그리스도교 복음의 핵심이라는 사실을 알려 준다. 우리의 구원은 성부의 사랑과 성자의 은혜와 성령의 교통하심 안에서 성취된다. 이것이 바로 하나님이 우리에게 베푸신 구원의 은

총이며, 삼위일체 하나님과의 온전한 교제 안에서 누리는 영원한 생명이다.

감사의 말

그리스도의 중재 사역의 핵심을 보여 주는 이 책이 우리말로 번역·출판되기까지 많은 도움의 손길이 있었다. 박사 논문 과정에서 읽고 또 읽었던 이 책을 꼭 우리말로 출간하고 싶었으나 선뜻 나서는 출판사가 없었다. 그러던 중 이 책의 가치를 알아봐 주고 사자와어린양 출판사를 만나게 해준 로고스서원 김기현 목사님과 청어람ARMC의 박현철 연구원께 감사를 드린다. 특별히 번역 과정에서 여러 도움을 주신 성공회대학교 차보람 교수님과 도서출판 뜰힘 최병인 대표님께 깊이 감사드린다. 두 분과 함께하는 윤독으로 인해 더욱 값진 책이 되었다. 윤독회를 진행하며 교제하고 토론했던 시간을 잊지 못할 것이다. 또한 추천사로 함께해 주신 덕수교회 김만준 목사님, 횃불트리니티신학대학원대학교 김진혁 교수님, 성공회대학교 차보람 교수님께 마음 다해 감사를 드린다. 아울러 이 책을 텍스트 삼아 수업 자료로 활용하여 멋지게 디자인해준 스튜디오 아홉 임현주 대표님과 이예은, 정민호, 박민주 님께 감사드린다.

늘 기도와 응원으로 힘을 보태 주시는 모든 가족분들께 감사드린다. 누구보다도 겨울 방학 내내 번역에 몰두했던 나를 참아 주고 격려해 준 아내 조아라에게 진심으로 고맙고, 더 힘껏 놀아 주지 못한 도현이와 루아에게 이제 아빠의 번역 작업이 끝났다는 기쁜 소식을 전하고 싶다.

끝으로 이 책을 선택해 주신 모든 독자님들께 감사를 드린다. 이 책을 통해 토렌스가 안내하는 그리스도의 중재에 대한 심오한 신학적 이해를 따라 경이롭고 은혜로운 복음의 진리를 발견하고 감사할 수 있게 되기를 소망한다.

김학봉(아신대학교 조직신학 교수)

그리스도의 중재

계시, 화해, 성육신에 관한 과학적·삼위일체적 탐구

초판 1쇄 2024년 5월 31일

지은이 토마스 F. 토렌스
옮긴이 김학봉
펴낸이 이현주
디자인 스튜디오 아홉 이예은, 정민호, 박민주

펴낸곳 사자와어린양
출판등록 2021년 5월 6일 제2021-000059호
주소 03140 서울시 종로구 삼일대로 428, 5층 500-28호(낙원동, 낙원상가)
전화 010-2313-9270 **팩스** 02)747-9847
이메일 sajayang2021@gmail.com **홈페이지** https://sajayang.modoo.at

한국어판 ⓒ사자와어린양·김학봉, 2024

ISBN 979-11-93325-11-7 93230

＊사자와 어린 양이 뛰놀고 어린이가 함께 뒹구는 그 나라의 책들＊